Lecture Notes in Economics and Mathematical Systems
Managing Editors: M. Beckmann and H. P. Künzi

152

Andreas Kirsch
Wolfgang Warth
Jochen Werner

Notwendige Optimalitätsbedingungen und ihre Anwendung

Springer-Verlag
Berlin Heidelberg New York 1978

Authors
Andreas Kirsch
Wolfgang Warth
Jochen Werner
Universität Göttingen
Lehrstühle für Numerische
und Angewandte Mathematik
Lotzestraße 16–18
3400 Göttingen

AMS Subject Classifications (1970): 46N05, 49B10, 49B30, 90C30

ISBN-13: 978-3-540-08537-9 e-ISBN-13: 978-3-642-48306-6
DOI:10.1007/978-3-642-48306-6

Softcover reprint of the hardcover 1st edition 1978
2142/3140-543210

Vorwort

Im Wintersemester 1974/75 hielt der letztgenannte Autor an der Universität Göttingen eine Vorlesung über Optimierung. Diese hörte der erstgenannte Autor als Student, der zweitgenannte betreute als Assistent die Übungen. Im Anschluß an die nachfolgenden Diskussionen untereinander entstand der Plan, die vorliegende Arbeit zu schreiben. An Vorkenntnissen sollten dabei nur die einfachsten Grundbegriffe der linearen Funktionalanalysis vorausgesetzt werden.

Herrn Professor Dr.K.Ritter möchten wir für die Ermutigung danken, überhaupt mit der Arbeit zu beginnen. Fräulein R.-M.Wedekind gilt unser besonderer Dank für das Schreiben des Manuskripts.

Göttingen, November 1977

Andreas Kirsch

Wolfgang Warth

Jochen Werner

Inhaltsverzeichnis

Einleitung

Eines der wichtigsten Teilgebiete der Optimierung ist die Theorie notwendiger Bedingungen. Untersucht wird hierbei die Frage, welchen Bedingungen eine Lösung einer gegebenen Optimierungsaufgabe notwendig zu genügen hat. Bei konkreten Fragestellungen hofft man, mit Hilfe dieser notwendigen Optimalitätsbedingungen Aussagen zu gewinnen, die zu einer Berechnung möglicher Lösungen ausgenutzt werden können.

Notwendige Optimalitätsbedingungen sind bei konvexen und differenzierbaren, endlich- und unendlichdimensionalen Optimierungsproblemen, optimalen Steuerungen, Variations- und Approximationsaufgaben aufgestellt worden. Daher erscheint es wichtig, einen einheitlichen Zugang zu dieser Fragestellung zu entwickeln, der es ermöglicht, möglichst viele der bei den verschiedenen Problemen auftretenden Ergebnisse als Konsequenz eines allgemeinen Prinzips aufzuzeigen. Genau dies ist das Ziel der vorliegenden Arbeit. Betrachtet wird die Optimierungsaufgabe, eine (nicht notwendig reellwertige) Zielfunktion unter gewissen "expliziten" Restriktionen, Ungleichungs- und Gleichungsrestriktionen zu minimieren. Im Mittelpunkt der Arbeit (Kap. II § 2) stehen zwei Maximumprinzipien, deren Beziehung zu anderen notwendigen Bedingungen, z.B. dem KUHN-TUCKER'schen Sattelpunktsatz der konvexen Optimierung (Kap. II § 3), Maximumprinzipien und Lagrange'sche Multiplikatorenregel bei Optimierungsaufgaben, bei denen Zielfunktion, Gleichungs- und Ungleichungsrestriktionsabbildung in einem "klassischen" Sinne differenzierbar sind (II § 4), untersucht werden und die auf einige konkrete Probleme (kontinuierliche und diskrete optimale Steuerungsprobleme, Approximationsprobleme und spezielle Beispiele) (Kap. III) angewandt werden.

Als Grundidee zur Gewinnung notwendiger Optimalitätsbedingungen benutzen wir, genau wie PSHENICHNYI [49] und GIRSANOV [14] bei der Darstellung der DUBOVITSKII-MILYUTIN-Theorie, die folgende Feststellung: Eine notwendige Bedingung dafür, daß eine Zielfunktion f auf einer Menge M zulässiger Punkte in einem Punkte x_o ihr Minimum annimmt, ist, daß keine Richtung h existiert, die nicht aus der zulässigen Menge herausführt und längs der die Zielfunktion abnimmt. Bei der Definition dafür, daß eine Richtung nicht aus der zulässigen Menge herausführt bzw. eine Abstiegsrichtung für die Zielfunktion ist, hat man nun eine gewisse Freiheit, die wir weitgehend auszunutzen versuchen. Wir definieren diese Richtungsmengen in Abhängigkeit von einer "Störungsmenge" B gewisser Kurven im Ausgangsraum. So definieren wir z.B.

$$B_a(f,x_o) := \{ h \in E : \text{Zu jedem } r \in B \text{ existiert } \tau > 0 \text{ mit } f(x_o + t h + r(t)) < f(x_o) \text{ für alle } t \in (0,\tau] \}$$

als Menge der Abstiegsrichtungen der Zielfunktion f im Punkte x_o (bezüglich B) und

$$B_t(M,x_o) := \{ h \in E : \text{Es existiert ein } r \in B \text{ und eine Folge } \{t_j\} \subset \mathbb{R}^+ \text{ mit } t_j \to 0 \text{ derart, daß } x_o + t_j h + r(t_j) \in M \text{ für alle } j \in \mathbb{N}\}$$

als Menge der tangentialen Richtungen an M in x_o (bezüglich B) bzw. als Menge derjenigen Richtungen, die nicht aus der Menge M der zulässigen Punkte herausführen. Die notwendige Optimalitätsbedingung $B_a(f,x_o) \cap B_t(M,x_o) = \emptyset$ wird dann weiteruntersucht, und die zu beweisenden notwendigen Bedingungen ergeben sich letzten Endes aus der Trennbarkeit gewisser konvexer Teilmengen von $B_a(f,x_o)$ und $B_t(M,x_o)$

durch eine Hyperebene. Durch die Einführung eines neuen Differenzierbarkeitsbegriffs (Definition II 1.5) gelingt es einerseits, auf einfache Weise Teilmengen von $B_a(f,x_o)$ und $B_t(M,x_o)$ mit Hilfe der Variationen bzw. Differentiale der Zielfunktion und der Ungleichungs- und Gleichungsrestriktionsabbildung anzugeben, andererseits die konvexen Optimierungsaufgaben zu erfassen und viele klassische Differenzierbarkeitsbegriffe zu verallgemeinern.

Wir haben versucht, die Theorie soweit wie nur möglich algebraisch, d.h. in linearen Räumen ohne Topologie, zu formulieren. Wo wir uns gezwungen sahen, topologische Hilfsmittel zu verwenden, haben wir der Einfachheit halber die Theorie in linearen normierten Räumen betrachtet ohne auf Verallgemeinerungsmöglichkeiten, etwa in lokalkonvexen Räumen einzugehen.

Wie oben schon angedeutet, spielen Trennungssätze für konvexe Mengen in linearen Räumen zur Gewinnung notwendiger Bedingungen stets eine wichtige Rolle. Da man algebraische Trennungssätze in nur wenigen Lehrbüchern der Funktionalanalysis findet, haben wir die damit zusammenhängenden Grundlagen in Kap. I § 1 zusammengestellt. Ausgehend hiervon werden in Kap. I § 2 Sätze über die Trennbarkeit konvexer Mengen in linearen normierten Räumen durch abgeschlossene Hyperebenen bewiesen. Hierbei haben wir uns eng an die ausgezeichnete Darstellung bei HOLMES [24] gehalten.

In Kap. II untersuchen wir das folgende Problem:
Gegeben seien lineare Räume E, Z_o, Z_1, Z_2. Auf Z_o und Z_1 seien durch konvexe Kegel Y_o bzw. Y_1 mit nichtleerem algebraisch Inneren " $\leq$ " - und " $<$ " - Relationen gegeben.

$X_o \subset E$ sei die Menge der expliziten Restriktionen,

$X_1 = \{x \in E : g_1(x) \leq \Theta\}$ mit $g_1 : E \to Z_1$ die

Menge der Ungleichungsrestriktionen und

$X_2 = \{x \in E : g_2(x) = \Theta\}$ mit $g_2 : E \to Z_2$ die Menge der Gleichungsrestriktionen.

Die Aufgabe besteht darin, für ein Minimum $x_o \in M := X_o \cap X_1 \cap X_2$ einer Abbildung $f : E \to Z_o$ eine notwendige Bedingung anzugeben. Dabei nennen wir $x_o \in M$ ein Minimum von f auf M, falls es kein $x \in M$ mit $f(x) < f(x_o)$ gibt. Im wichtigsten Falle $Z_o = \mathbb{R}$, $Y_o = [0,\infty)$ stimmt diese Definition mit der üblichen überein. Andere Minimumdefinitionen als die hier benutzte werden u.a. von HURWICZ [25], HURWICZ-UZAWA [26], DA CUNHA-POLAK [11], RITTER [50] und HOFFMANN-KOLUMBAN [23] verwendet, wobei zum Teil nicht vorausgesetzt wird, daß der Kegel Y_o ein nichtleeres algebraisch Inneres besitzt. Falls dies aber der Fall ist, so ist die oben angegebene Minimumdefinition allgemeiner als die zitierten Definitionen.

In Kap. II § 1 werden die Richtungsmengen $B_a(f,x_o)$ der Abstiegsrichtungen von f in x_o, der tangentialen Richtungen $B_t(M,x_o)$ an M in x_o und der zulässigen Richtungen

$$B_z(M,x_o) = \{h \in E : \text{Zu jedem } r \in B \text{ existiert ein } \tau > 0 \text{ mit } x_o + th + r(t) \in M \text{ für alle } t \in (0,\tau]\}$$

für M in x_o in Abhängigkeit von einer Menge B von Kurven in E definiert. Wichtig ist vor allem der Fall $B = \{\Theta\}$ und, falls E ein linearer normierter Raum ist, der Fall

$B = \{r : (0,\sigma] \to E : \lim\limits_{t\to 0+} \frac{r(t)}{t} = \Theta\}$. Als notwendige Bedingung für ein Minimum $x_o \in M$ von f auf M erhält man, wie wir oben schon gesehen haben, daß $B_a(f,x_o) \cap B_t(M,x_o) = \emptyset$ und hieraus in trivialer Weise, daß

$$B_a(f,x_o) \cap B_z(X_o,x_o) \cap B_z(X_1,x_o) \cap B_t(X_2,x_o) = \emptyset.$$

Unsere nächste Aufgabe ist es, diese Mengen für gewisse Abbildungen f und gewisse Mengen X_o, X_1, X_2 zu berechnen oder wenigstens

Teilmengen davon anzugeben. Dafür müssen Glattheitsbedingungen an die Abbildungen f, g_1, g_2 gestellt werden. Wir führen einen neuen Differenzierbarkeitsbegriff (Definition II 1.5) ein und erhalten Aussagen der Form

$$\{h \in E : f'(x_o)(h) < \Theta\} \subset B_a(f,x_o)$$

$$\{h \in E : g_1(x_o) + g_1'(x_o)(h) < \Theta\} \subset B_z(X_1,x_o)$$

$$\{h \in E : g_2'(x_o)(h) = \Theta\} \subset B_t(X_2,x_o).$$

Die letzte Inklusionsbeziehung ist dabei die Aussage des Satzes von LJUSTERNIK (Satz II 1.13), zu dem wir insofern einen neuen Beweis angeben als wir nicht wie etwa bei LUENBERGER [39] die Fälle endlich- und unendlichdimensionalen Gleichungsrestriktionenraumes Z_2 getrennt behandeln.

Unter Konvexitätsvoraussetzungen an $f'(x_o)$, $g_1'(x_o)$ und der Voraussetzung, daß $g_2'(x_o)$ linear ist, sind die gewonnenen Teilmengen konvex. Ist H nun eine (konvexe) Teilmenge von $B_z(X_o,x_o)$, so folgt aus der Optimalität von x_o, daß kein $h \in H$ mit

$f'(x_o)(h) < \Theta$, $g_1(x_o) + g_1'(x_o)(h) < \Theta$ und $g_2'(x_o)(h) = \Theta$ existiert.

Mit Hilfe eines Alternativsatzes (Satz II 2.2) folgen in Kap. II § 2 aus der Unlösbarkeit dieses Gleichungs- und Ungleichungssystems die beiden Maximumprinzipien (Satz II 2.3, II 2.4), die eine funktionale Abhängigkeit von $f'(x_o)$, $g_1'(x_o)$ und $g_2'(x_o)$ auf H aussagen. Das erste Maximumprinzip bezieht sich hierbei auf den Fall affin linearer, das zweite auf nichtlineare Gleichungsrestriktionen. Die Maximumprinzipien sind nur dann von praktischem Interesse, falls gewährleistet ist, daß diese Abhängigkeit nicht ausgeartet ist. Eine Bedingung, die den Fall der Ausartung ausschließt, nennt man eine "constraint qualification (CQ)". Wir geben in Satz II 2.6 eine solche CQ an.

Ausführlich wird in Kap. II § 3 der Zusammenhang zwischen Maximumprinzip und notwendigen Bedingungen bei konvexen Problemen untersucht.

In Kap. II § 4 werden zunächst einige klassische Differenzierbarkeitsbegriffe definiert und ihre Beziehung untereinander und zu unserem Differenzierbarkeitsbegriff geklärt. Durch Spezialisierung erhält man dann einige der "klassischen" Maximumprinzipien. Stellvertretend für viele sei hierbei die für uns wichtige Arbeit von LEMPIO [34] genannt.

Bei endlichdimensionalen Problemen mit linearen Ungleichungsrestriktionen benötigt man keine constraint qualification, um eine Ausartung zu verhindern. Dies ist eines der Ergebnisse in Kap. II § 5 , in dem Optimierungsaufgaben mit linearen Ungleichungsrestriktionen untersucht werden.

In Kap. III gehen wir auf einige Anwendungen der notwendigen Optimalitätsbedingungen auf konkrete Probleme ein. Uns konnte es hierbei natürlich nicht um Vollständigkeit gehen, wir versuchen lediglich, einen gewissen Eindruck von den Anwendungsmöglichkeiten zu geben.

Kap. III § 1 gibt zunächst eine kleine Einführung in optimale Steuerungsprobleme. Als Folgerung aus dem Maximumprinzip erhalten wir, ähnlich wie GIRSANOV [14], das lokale PONTRYAGIN'sche Maximumprinzip (Satz III 1.6, III 1.7), wobei sich eine Vereinfachung dadurch ergibt, daß wir nicht wie GIRSANOV das den Prozeß beschreibende Differentialgleichungssystem in ein Integralgleichungssystem unschreiben. Unsere Absicht war es nicht, die abstrakten Maximumprinzipien so allgemein zu fassen, daß ihre Anwendung auf optimale Steuerungsprobleme zum globalen PONTRYAGIN'schen Maximumprinzip führt, was etwa für die Arbeiten von NEUSTADT und HALKIN gilt und worüber man einen sehr guten Überblick bei NEUSTADT [47] findet. Zum Schluß von III § 1 wird noch gezeigt, daß man das globale PONTRYAGIN'sche Maximumprinzip für Steuerungsprobleme ohne Endbedingung verhältnismäßig einfach mit Hilfe des Satzes über implizite Funktionen beweisen kann, wodurch Ergebnisse bei HARTBERGER [17], SPREMANN [51] und bei LUENBERGER [39] verallgemeinert werden.

Diskrete optimale Steuerungsprobleme werden in Kap. III § 2 betrachtet und in Satz III 2.1 wird ein diskretes lokales PONTRYAGIN'sches Maximumprinzip bewiesen, wie man es etwa auch bei CANON-CULLUM-POLAK [7] findet.

Das globale KOLMOGOROFF-Kriterium und die lokale KOLMOGOROFF-Bedingung bei Approximationsproblemen ohne und mit Nebenbedingungen sind in Kap. III § 3 Folgerungen aus dem Maximumprinzip, wir geben also dort eine kurze Einführung in notwendige Bedingungen bei Approximationsproblemen. Für weiterreichende Ergebnisse sei auf COLLATZ-KRABS [8] und KRABS [32] verwiesen.

Schließlich bringen wir in Kap. III § 4 einige wenige spezielle Beispiele, endlich- und unendlichdimensional, die zeigen sollen, wie man bei einigen konkreten Problemen die notwendigen Bedingungen dazu verwenden kann, um eine Lösung explizit zu berechnen.

I Funktionalanalytische Hilfsmittel

§1 Konvexe Mengen in linearen Räumen

Im folgenden sei E stets ein linearer Raum über der Menge $\mathbb{R}$ der reellen Zahlen. Ist $x,y \in E$, so sei $[x,y] := \{(1-\lambda)x + \lambda y : \lambda \in [0,1]\}$, $[x,y) := \{(1-\lambda)x + \lambda y : \lambda \in [0,1)\}$, entsprechend seien $(x,y]$ und (x‡y) (x,y) definiert. Eine Menge $A \subset E$ heißt <u>konvex</u>, falls $[x,y] \subset A$ für alle $x,y \in A$. Wir benötigen die folgenden Definitionen, wobei $A,B \subset E$ Teilmengen seien.

ⓐ $a \in A$ heißt <u>algebraisch innerer Punkt von A bezüglich B</u>, falls es zu jedem $b \in B$, $b \neq a$ ein $x \in (a,b)$ gibt mit $[a,x] \subset A$.

ⓑ $A^{o} := \{a \in A : a$ algebraisch innerer Punkt von A bezüglich $E\}$ heißt <u>algebraisch Inneres von A</u>. A heißt <u>algebraisch offen</u>, falls $A = A^{o}$.

ⓒ aff (A) sei die <u>affine Hülle von A</u>, d.h. der kleinste affine Teilraum von E, der A enthält. Dann heißt

$$A^{i} := \{a \in A : a \text{ algebraisch innerer Punkt von } A \text{ bezüglich } \operatorname{aff}(A)\}$$

das <u>relative algebraisch Innere von A</u>.

ⓓ $\overleftrightarrow{A} := \{a \in E :$ Es existiert $a_{o} \in A$ mit $[a_{o},a) \subset A\}$ heißt <u>algebraischer Abschluß von A</u>.

Ist $A \subset E$ konvex und $a \in A$, so ist offenbar $a \in A^{o}$ genau dann, wenn es zu jedem $h \in E$ ein $\tau > 0$ gibt derart, daß $a + \tau h \in A$.

<u>1.1 Lemma</u>: Sei $A \subset E$ konvex. Dann gilt:

i) $a_{o} \in A^{o}$, $a \in \overleftrightarrow{A} \Rightarrow [a_{o},a) \subset A^{o}$.

ii) $(A^{o})^{o} = A^{o}$

iii) A^{o} und $\overleftrightarrow{A}$ sind konvex

iv) $A^{o} \neq \emptyset \Rightarrow \overleftrightarrow{A^{o}} = \overleftrightarrow{A}$, $(\overleftrightarrow{A})^{o} = A^{o}$

<u>Beweis</u>: i) Wegen $a \in \overleftrightarrow{A}$ existiert $a_1 \in A$ mit $[a_1,a) \subset A$.

Da $a_o \in A^{\circ}$, existiert ein $\delta > 0$ derart, daß $a_\delta := a_o + \delta(a_o - a_1) \in A$.

(α) $[a_o,a) \subset A$.

Denn sei $x = (1-v)a_o + va \in [a_o,a)$, $v \in [0,1)$. Definiere

$y := (1-\lambda)a_\delta + \lambda x$ mit $\lambda := \frac{1+\delta}{v+\delta}$. Dann ist

$y = (1 - \frac{(1+\delta)v}{v+\delta}) \cdot a_1 + \frac{(1+\delta)v}{v+\delta} \cdot a \in [a_1,a) \subset A$ und daher

$x \in [a_\delta, y] \subset A$.

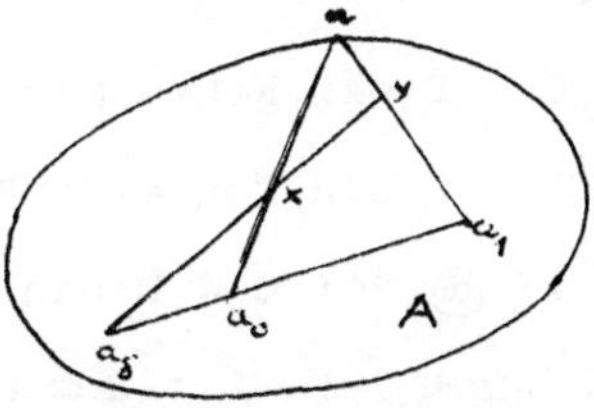

(β) $[a_o,a) \subset A^{\circ}$.

Sei $x \in [a_o,a)$. Dann existiert ein $\tilde{a} \in (a_o,a)$ mit $x \in [a_o,\tilde{a})$, sei etwa $x = (1-\lambda)a_o + \lambda\tilde{a}$ mit $\lambda \in [0,1)$. Sei $h \in E$ beliebig. Wegen $a_o \in A^{\circ}$ existiert $\sigma > 0$ mit $a_o + \sigma h \in A$. Dann ist $x + (1-\lambda)\sigma h = (1-\lambda)\{a_o + \sigma h\} + \lambda\tilde{a} \in A$, also $x \in A^{\circ}$.

ii) $(A^{\circ})^{\circ} \subset A^{\circ}$ ist trivial.

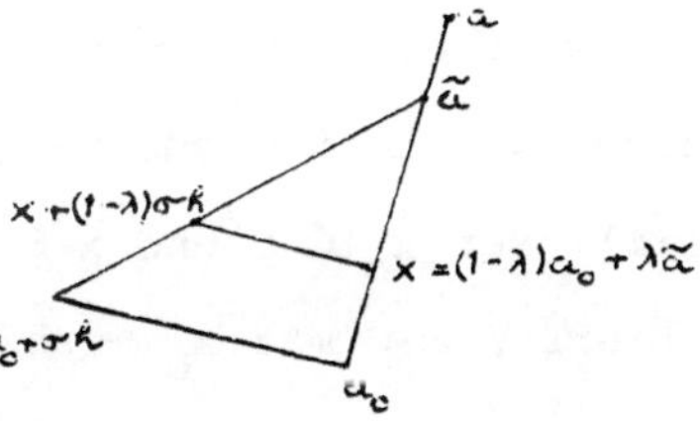

Sei $a_o \in A^{\circ}$. Zu beliebigem $b \in E$, $b \neq a_o$ existiert dann $x \in (a_o,b)$ mit $[a_o,x] \subset A$. Nach i) ist aber $[a_o,x) \subset A^{\circ}$ und daher $a_o \in (A^{\circ})^{\circ}$.

iii) (α) Seien a_1, $a_2 \in A^{\circ}$. Nach i) ist $[a_1,a_2] \subset A^{\circ}$, A° also konvex.

(β) Sind x_1, $x_2 \in \overleftrightarrow{A}$, so existieren a_1, $a_2 \in A$ mit $[a_1,x_1)$, $[a_2,x_2) \subset A$. Sei $x = (1-\lambda)x_1 + \lambda x_2 \in [x_1,x_2]$, definiere $a := (1-\lambda)a_1 + \lambda a_2$. Dann ist $[a,x) \subset A$, also $x \in \overleftrightarrow{A}$.

iv) (α) $\overleftrightarrow{A^{\circ}} \subset \overleftrightarrow{A}$ ist trivial. Sei $a \in \overleftrightarrow{A}$, $a_o \in A^{\circ}$. Dann ist nach i) $[a_o,a) \subset A^{\circ}$, also $a \in \overleftrightarrow{A^{\circ}}$.

(β) $A^{\circ} \subset (\overleftrightarrow{A})^{\circ}$ ist trivial. Sei $a \in (\overleftrightarrow{A})^{\circ}$, $a_o \in A^{\circ}$.

Wegen $a \in (\overleftrightarrow{A})^{\circ}$ existiert $\tau > 0$ mit $a_\tau := a + \tau(a-a_o) \in \overleftrightarrow{A}$, daher ist $a = \frac{\tau}{1+\tau} a_o + \frac{1}{1+\tau} a_\tau \in [a_o,a_\tau) \subset A^{\circ}$ wegen i).

Sind $A,B \subset E$ Teilmengen und $\alpha, \beta \in \mathbb{R}$, so setzen wir $\alpha A + \beta B := \{\alpha a + \beta b : a \in A, b \in B\}$. Sind $A,B \subset E$ konvex, $\alpha, \beta \in \mathbb{R}$, so ist offenbar auch $\alpha A + \beta B$ konvex. Ist A einpunktig, etwa $A = \{a\}$, so schreiben wir statt $\{a\} + B$ auch $a + B$. Eine Menge $C \subset E$ heißt ein Kegel, falls $\lambda C \subset C$ für alle $\lambda > 0$.

1.2. Lemma: i) Ein Kegel $C \subset E$ ist genau dann konvex, wenn $C + C \subset C$.

ii) Ist $C \subset E$ ein Kegel mit $C^0 \neq \emptyset$, so ist auch C^0 ein Kegel.

iii) Ist $C \subset E$ ein konvexer Kegel mit $C^0 \neq \emptyset$, so ist $C^0 + C \subset C^0$.

Beweis: i) ⓐ Sei $C \subset E$ ein konvexer Kegel, $x,y \in C$. Dann ist $x + y = 2(\frac{1}{2}x + \frac{1}{2}y) \in 2 \cdot C \subset C$, also $C + C \subset C$.

ⓑ Sei $C \subset E$ ein Kegel und $C + C \subset C$. Seien $x,y \in C, \lambda \in (0,1)$. Dann ist $(1-\lambda)x, \lambda y \in C$, also auch $(1-\lambda)x + \lambda y \in C$.

ii) Sei $C \subset E$ ein Kegel, $C^0 \neq \emptyset$ und $x \in C^0$. Ist $h \in E$ beliebig, so existiert $\tau > 0$ mit $x + th \in C$ für $t \in [0,\tau]$. Ist $\lambda > 0$, so ist also $\lambda x + th \in C$ für $t \in [0,\lambda\tau]$, also $\lambda x \in C^0$.

iii) Sei $x_0 \in C^0$ und $x \in C$ und $h \in E$ beliebig. Wegen $x_0 \in C^0$ existiert $\tau > 0$ mit $x_0 + \tau h \in C$. Wegen $C + C \subset C$ ist dann aber auch $x + x_0 + \tau h \in C$, also $x_0 + x \in C^0$.

Ist $C \subset E$ ein konvexer Kegel, so definiert man mittels $x \leq_C y \underset{\text{def}}{\Longleftrightarrow} y - x \in C$ eine Relation $\leq_C$ in E. Ist überdies $C^0 \neq \emptyset$, so schreiben wir $x \underset{C}{<} y$, falls $y - x \in C^0$. Geht es aus dem Zusammenhang eindeutig hervor, um welchen Kegel es sich handelt, so schreiben wir auch $\leq$ statt $\leq_C$ und $<$ statt $<_C$. Einen konvexen Kegel mit nichtleerem algebraisch Inneren nennen wir einen eigentlichen Kegel, falls er die Null enthält.

Konvexe Mengen mit nichtleerem algebraischen Inneren werden im Zusammenhang mit Trennungssätzen eine ausgezeichnete Rolle spielen.

Häufig ist es aber auch wichtig zu wissen, wann das relative algebraisch Innere A^i einer konvexen Menge A nichtleer ist. Wir nennen eine konvexe Menge $A \subset E$ endlichdimensional, falls aff (A) endlichdimensional ist, wobei die Dimension eines affinen Raumes $M = x + L$ mit $x \in E$ und einem linearen Teilraum $L \subset E$ als die Dimension von L erklärt ist. Ist $B \subset E$, so bezeichnen wir mit span (B) die lineare Hülle von B, d.h. den kleinsten linearen Teilraum, der B enthält.

1.3. Lemma: Ist $A \subset E$ eine nichtleere endlichdimensionale konvexe Menge, so ist $A^i \neq \emptyset$.

Beweis: Es ist aff (A) $= a_o +$ span $(A-a_o)$ mit beliebigem $a_o \in A$. Denn $a_o +$ span $(A-a_o)$ ist ein affin linearer Teilraum, der A enthält, so daß aff (A) $\subset a_o +$ span $(A-a_o)$. Daß

$$a_o + \sum_{i=1}^{n} \lambda_i (a_i - a_o) \in \text{aff}(A) \text{ für } \lambda_i \in \mathbb{R},\ a_i \in A\ (i=1,\dots n),\ n \in \mathbb{N},$$

folgt leicht durch vollständige Induktion nach n und der Tatsache, daß aff (A) mit zwei Punkten auch die gesamte Strecke durch diese beiden Punkte enthält.

Nach Voraussetzung ist dim span $(A-a_o) = n < \infty$, es existieren also $a_i \in A$ $(i=1,\dots n)$ derart, daß $\{a_i - a_o\}$ eine Basis von span $(A-a_o)$ bilden. Wegen der Konvexität von A ist

$$S := \{ \sum_{i=0}^{n} \alpha_i a_i : \alpha_i \geq 0, \sum_{i=0}^{n} \alpha_i = 1 \} \subset A. \text{ Sei } a := \frac{1}{n+1} \sum_{i=0}^{n} a_i .$$

Wir wollen zeigen, daß $a \in A^i$. Sei hierzu $b = a_o + \sum_{i=1}^{n} c_i (a_i - a_o)$ $\in$ aff (A) beliebig; zu zeigen ist, daß $a + \lambda(b-a) \in A$ für hinreichend kleines $\lambda > 0$. Nun ist

$$a + \lambda(b-a) = \left(\frac{1}{n+1} + \lambda\left(\frac{n}{n+1} - \sum_{i=1}^{n} c_i\right)\right) a_o + \sum_{i=1}^{n} \left(\frac{1}{n+1} + \lambda\left(c_i - \frac{1}{n+1}\right)\right) a_i .$$

Wählt man nun $\lambda > 0$ so klein, daß $\frac{1}{n+1} + \lambda\left(\frac{n}{n+1} - \sum_{i=1}^{n} c_i\right) \geq 0$ und

$\frac{1}{n+1} + \lambda(c_i - \frac{1}{n+1}) \geq 0$ $(i=1,\ldots n)$, so ist $a + \lambda(b-a) \in S \subset A$, womit $a \in A^i$ bewiesen ist.

Ein affin linearer Teilraum $H \subset E$ heißt eine Hyperebene in E, falls er ein maximaler echter affin-linearer Teilraum ist, d.h. wenn

1. $H \subsetneqq E$
2. Ist $M \subset E$ ein affin-linearer Teilraum mit $H \subset M$, so ist $M = E$ oder $M = H$.

Mit E' bezeichnen wir den algebraischen Dualraum von E, d.h. die Menge aller reellwertigen linearen Funktionale auf E.

1.4. Lemma: i) Ist $H \subset E$ eine Hyperebene, so existieren $l \in E'$, $l \neq \Theta$ und $c \in \mathbb{R}$ mit $H = \{x \in E : l(x) = c\}$

ii) Ist $l \in E'$, $l \neq \Theta$ und $c \in \mathbb{R}$, so ist $\{x \in E : l(x) = c\}$ eine Hyperebene in E.

Beweis: i) Als Hyperebene ist H ein affin linearer Teilraum von E, läßt sich also darstellen in der Form $H = x_o + V$ mit einem linearen Teilraum V. Wir machen eine Fallunterscheidung

(α) $x_o \notin V$ (d.h. $\Theta \notin H$). Da H maximal ist, ist span $(x_o, V) = E$. Jedes $x \in E$ läßt sich eindeutig darstellen in der Form $x = \alpha x_o + v$ mit $\alpha \in \mathbb{R}$, $v \in V$ (denn ist auch $x = \beta x_o + w$ mit $\beta \in \mathbb{R}$, $w \in V$, so ist $(\beta - \alpha)x_o = v - w \in V$, also $\alpha = \beta$ und $v = w$). Definiere $l \in E'$ durch $l(\alpha x_o + v) := \alpha$. Dann ist $H = \{x \in E : l(x) = 1\}$.

(β) $x_o \in V$ (d.h. $\Theta \in H$). Wähle $x_1 \notin V$, dann ist $E = \text{span}(x_1, V)$, $V = H$. Für $x = \alpha x_1 + v \in E$ (wiederum ist diese Darstellung eindeutig) definiere man $l \in E'$ durch $l(\alpha x_1 + v) := \alpha$. Dann ist $H = \{x \in E : l(x) = 0\}$ und $l \neq \Theta$, da $l(x_1) = 1$.

ii) Sei $V := \{x \in E : l(x) = 0\}$. V ist ein linearer Teilraum von E. Wegen $l \neq \Theta$ existiert ein $x_o \in E$ mit $l(x_o) = 1$. Es ist $E = \text{span}(x_o, V)$, V also ein maximaler linearer Teilraum, denn jedes

$x \in E$ läßt sich darstellen in der Form $x = l(x)x_o + (x - l(x)x_o)$ $\in \text{span}(x_o, V)$. Zu dem vorgegebenen $c \in \mathbb{R}$ gibt es $x_1 \in E$ mit $l(x_1) = c$, daher ist $\{x \in E : l(x) = c\} = \{x \in E : l(x-x_1) = 0\}$ $= x_1 + V$, also eine Hyperebene.

Eine Hyperebene $H = [l;c] = \{x \in E : l(x) = c\}$, bestimmt durch $l \in E'$, $c \in \mathbb{R}$, definiert zwei Halbräume, nämlich $\{x \in E : l(x) \geq c\}$ und $\{x \in E : l(x) \leq c\}$. Wir sagen, daß zwei Teilmengen A,B von E durch die Hyperebene H <u>getrennt</u> werden, wenn A und B in gegenüberliegenden durch H bestimmten Halbräumen liegen.

Als Hilfsmittel benötigen wir das bekannte

<u>ZORN'sche Lemma</u>: $\mathfrak{C}$ sei eine halbgeordnete Menge (d.h.: In $\mathfrak{C}$ ist eine Relation $\leq$ erklärt mit den Eigenschaften

ⓐ $x \leq x$ für alle $x \in \mathfrak{C}$

ⓑ $x \leq y$, $y \leq x \Rightarrow x = y$

ⓒ $x \leq y$, $y \leq z \Rightarrow x \leq z$),

die induktiv geordnet ist, d.h. daß jede totalgeordnete Teilmenge $\mathfrak{F}$ (für alle $f,g \in \mathfrak{F}$ ist $f \leq g$ oder $g \leq f$) eine obere Schranke besitzt (d.h. es existiert $x \in C$ mit $f \leq x$ für alle $f \in \mathfrak{F}$). Dann besitzt $\mathfrak{C}$ ein maximales Element c (d.h. $y \in \mathfrak{C}$, $c \leq y \Rightarrow y = c$).

Zum Beweis des grundlegenden Trennungssatzes benötigt man zwei Hilfssätze.

<u>1.5. Lemma</u>: Seien $A,B \subset E$ konvex und $A \cap B = \emptyset$. Dann existieren konvexe Mengen $C,D \subset E$ mit

1. $C \cap D = \emptyset$, $C \cup D = E$

2. $A \subset C$, $B \subset D$.

<u>Beweis</u>: Sei $\mathcal{C} := \{K \subset E : K \text{ konvex}, K \cap B = \emptyset, A \subset K\}$.
Dann ist $\mathcal{C}$ nichtleer, da $A \in \mathcal{C}$. Führt man in $\mathcal{C}$ durch die Inklusionsbeziehung eine Halbordnung ein, so erkennt man, daß $\mathcal{C}$ induktiv

geordnet ist: Ist $\mathcal{F} \subset \mathcal{C}$ totalgeordnet, so ist $\bigcup_{F \in \mathcal{F}} F \in \mathcal{C}$ obere Schranke von $\mathcal{F}$. Sei $C \in \mathcal{C}$ das nach dem ZORN'schen Lemma existierende maximale Element, definiere $D := E \setminus C$. Dann sind 1.,2. erfüllt, zu zeigen bleibt, daß D konvex ist . Angenommen, dies sei nicht der Fall. Dann existieren $x,z \in D$ und $y \in (x,z)$ mit $y \notin D$, d.h. $y \in (x,z) \cap C$. Da C maximal ist, existieren Punkte $\bar{p},\bar{q} \in C$ mit $[\bar{p},x] \cap B \neq \emptyset$, $[\bar{q},z] \cap B \neq \emptyset$. Denn: Wäre $[p,x] \cap B = \emptyset$ für alle $p \in C$, so definiere man $\tilde{C} := \text{con}(x,C)$, die konvexe Hülle von $\{x,C\}$, d.h. die kleinste konvexe Menge, die x und C enthält . Dann ist $\tilde{C} \in \mathcal{C}$ (denn $\tilde{C}$ ist konvex, $\tilde{C} \cap B = \emptyset$ und $A \subset C \subset \tilde{C}$) und $C \underset{\neq}{\subset} \tilde{C}$, ein Widerspruch zur Maximalität von C. Also existiert ein $\bar{p} \in C$ mit $[\bar{p},x] \cap B \neq \emptyset$, entsprechend existiert $\bar{q} \in C$ mit $[\bar{q},z] \cap B \neq \emptyset$. Sei $u \in [\bar{p},x] \cap B$, $v \in [\bar{q},z] \cap B$. Dann ist $[u,v] \subset B$, $\text{con}(\{\bar{p},\bar{q},y\}) \subset C$ und $[u,v] \cap \text{con}(\{\bar{p},\bar{q},y\}) \neq \emptyset$, ein Widerspruch zu $C \cap B = \emptyset$. Damit ist die Konvexität von D und das Lemma bewiesen.

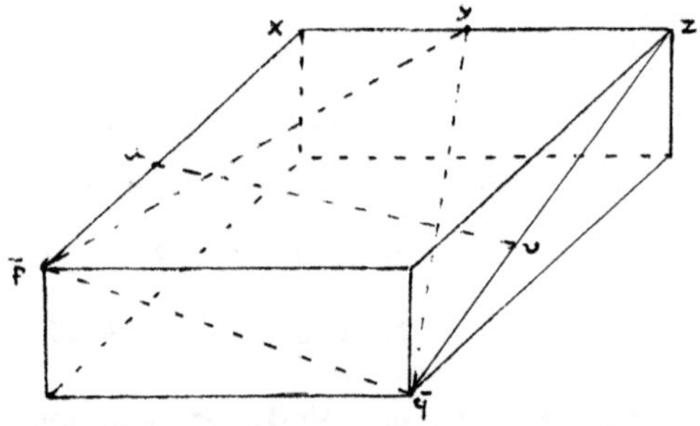

Ist $C \subset E$ eine Menge, so nennt man die kleinste konvexe Menge, die C enthält, die <u>konvexe Hülle</u> von C und bezeichnet sie mit con(C). Man weist leicht nach, daß

$$\text{con}(C) = \{ \sum_{i=1}^{n} \lambda_i c_i \, : \, \lambda_i \geq 0, \; \sum_{i=1}^{n} \lambda_i = 1, \; c_i \in C, \; n \in \mathbb{N} \}.$$

<u>1.6. Lemma</u>: Seien $C,D \subset E$ nichtleer, konvex mit $C \cap D = \emptyset$, $C \cup D = E$. Sei $H := \overleftrightarrow{C} \cap \overleftrightarrow{D}$. Dann gilt $E \setminus H = C^{\circ} \cup D^{\circ}$ und alternativ

a) $H = E$ oder

b) H Hyperebene, $C^o \neq \emptyset$ und $D^o \neq \emptyset$.

<u>Beweis</u>: Wir zeigen zunächst, daß $\overleftrightarrow{D} = E \setminus C^o$ und entsprechend $\overleftrightarrow{C} = E \setminus D^o$. Denn:

i) Sei $x \in E \setminus C^o$

ⓐ $x \notin C \Rightarrow x \in D \Rightarrow x \in \overleftrightarrow{D}$.

ⓑ $x \in C \Rightarrow$ Es existiert $y \notin C$ mit $[y,x) \cap C = \emptyset$, d.h. es existiert $y \in D$ mit $[y,x) \subset D$, sodaß $x \in \overleftrightarrow{D}$.

ii) Sei $x \in \overleftrightarrow{D}$

ⓐ $x \notin C \Rightarrow x \notin C^o \Rightarrow x \in E \setminus C^o$

ⓑ $x \in C$. Wegen $x \in \overleftrightarrow{D}$ existiert $y \in D$ mit $[y,x) \subset D$, d.h. es existiert $y \in D$ mit $[y,x) \cap C = \emptyset$, d.h. $x \in E \setminus C^o$.

Damit ist $H = (E \setminus C^o) \cap (E \setminus D^o) = \overleftrightarrow{C} \cap \overleftrightarrow{D}$ nichtleer, denn ist $x \in \overleftrightarrow{C} \setminus C^o$ (nichtleer, wie man leicht einsieht!), so ist auch $x \in \overleftrightarrow{D} \setminus D^o$, H enthält also die algebraischen Randpunkte von C und D. Nach Lemma 1.1 iii) sind $\overleftrightarrow{C}$, $\overleftrightarrow{D}$ und damit auch H konvex. Wir wollen zeigen, daß H ein affiner Teilraum von E ist. Seien hierzu $x,y \in H$, wir nehmen an, es existiere ein Punkt z auf der Geraden durch x, y, der nicht zu H gehört. Wegen der Konvexität von H ist $z \notin [x,y]$, sei etwa $y \in (x,z)$ und $z \in C^o$ $(E \setminus H = C^o \cup D^o)$. Aus $z \in C^o$ und $x \in \overleftrightarrow{C}$ folgt aber nach Lemma 1.1 i), daß $(x,z) \in C^o$, also $y \in C^o$, ein Widerspruch zu $y \in H$. Also ist H in der Tat ein affin linearer Teilraum.

Angenommen, es ist $H \neq E$. Wir haben zu zeigen, daß H dann eine Hyperebene ist, d.h. daß H ein maximaler affin linearer Teilraum ist. Sei $H = x_o + V$ mit linearem Teilraum V. Sei $p \notin V$, wir wollen zeigen, daß dann $E = \text{span}(p,V)$, womit gezeigt wäre, daß H Hyperebene.

Aus $p \notin V$ folgt $x_o + p \notin H$, also $x_o + p \in C^o \cup D^o$, sei etwa $x_o + p \in C^o$. Ebenso ist $x_o - p \notin H$, $x_o - p \in C^o \cup D^o$.

Ist $x_o - p \in C^o$, so ist $x_o \in [x_o - p, x_o + p] \subset C^o$, da C^o nach Lemma 1.1 iii) konvex. Dies ist aber ein Widerspruch zu $x_o \in H = (E \setminus C^o) \cap (E \setminus D^o)$. Also ist $x_o - p \in D^o$ und daher $C^o \neq \emptyset \neq D^o$.

Sei $x \in E$. Ist $x_o + x \in C$, so ist $[x_o - p, x_o + x] \cap H \neq \emptyset$.
(Denn ist $x_o + x \notin C^o$, so ist $x_o + x \in \overleftrightarrow{D} \setminus D^o \subset H$,
ist $x_o + x \in C^o$, so sei

$$\lambda_{sup} := \sup \{\lambda \in [0,1] : x_o + x + \lambda(-p - x) \in C^o\}$$

und $x_o + y = x_o + x + \lambda_{sup}(-p - x) \in [x_o - p, x_o + x]$ und $x_o + y \in \overleftrightarrow{C} \setminus C^o \subset H$). Also existiert $y \in V$ mit

$$x_o + y = (1-\lambda)(x_o - p) + \lambda(x_o + x) \text{ mit } \lambda \in [0,1]$$
$$= \lambda x - (1-\lambda)p + x_o \text{ bzw.}$$

$\lambda x = (1-\lambda)p + y$. Es ist $\lambda \neq 0$, denn andernfalls wäre $p \in V$.
Also ist $x \in \operatorname{span}(p,V)$. Ebenso zeigt man: Ist $x_o + x \in D$, so ist $[x_o + p, x_o + x] \cap H \neq \emptyset$ und folgert wiederum $x \in \operatorname{span}(p,V)$. Wegen $E = C \cup D$ muß aber einer der beiden Fälle vorliegen, also ist $E = \operatorname{span}(p,V)$ für alle $p \notin V$, H eine Hyperebene und das Lemma bewiesen.

<u>1.7. Satz</u>: Seien A, B disjunkte, nichtleere konvexe Mengen in E. Es sei $A^o \cup B^o \neq \emptyset$ oder E endlichdimensional. Dann lassen sich A und B durch eine Hyperebene trennen, d.h. es existieren $l \in E'$, $l \neq \Theta$, $c \in \mathbb{R}$ mit $l(a) \leq c \leq l(b)$ für alle $a \in A$, $b \in B$.

<u>Beweis</u>: Nach Lemma 1.5 existieren konvexe Mengen C, D mit $C \cap D = \emptyset$, $C \cup D = E$ und $A \subset C$, $B \subset D$. Wie in Lemma 1.6 setze man $H = \overleftrightarrow{C} \cap \overleftrightarrow{D}$. Angenommen, Fall b) von Lemma 1.6 sei erfüllt, d.h. H sei eine Hyperebene, etwa $H = \{x \in E : l(x) = c\}$. Dann ist $E \setminus H = \{x \in E : l(x) > c\} \cup \{x \in E : l(x) < c\}$ eine disjunkte Vereinigung algebraisch offener Halbräume. Andererseits ist $E \setminus H = C^o \cup D^o$. Dann muß einer der Halbräume mit C^o,

der andere mit D^o übereinstimmen (denn gilt etwa für ein $x_o \in C^o$ daß $l(x_o) < c$, so ist $l(x) < c$ für alle $x \in C^o$). Sei etwa $C^o = \{x \in E : l(x) < c\}$, $D^o = \{x \in E : l(x) > c\}$. Dann ist $\overline{C^o} = \overline{C} = \{x \in E : l(x) \leq c\}$, $\overline{D^o} = \overline{D} = \{x \in E : l(x) \geq c\}$, also $A \subset C \subset \overline{C}$, $B \subset D \subset \overline{D}$ und dies bedeutet, daß A und B durch H getrennt werden. Wegen Lemma 1.6 hat man nur noch $H = E$ zum Widerspruch zu führen. Aus $H = E$ folgt $E = \overline{C} = \overline{D}$.

(a) Sei $A^o \cup B^o \neq \emptyset$, etwa sei $A^o \neq \emptyset$. Nun ist aber $E = \overline{D} = E \setminus C^o$, also $C^o = \emptyset$. Aus $A \subset C$ folgt $\emptyset \neq A^o \subset C^o = \emptyset$, ein Widerspruch.

(b) Sei E endlichdimensional.
Aus $\overline{C} = E$ folgt $\mathrm{aff}(C) = E$ (denn: Sei $x \in E$. Wegen $\overline{C} = E$ existiert $\tilde{c} \in C$ mit $[\tilde{c},x) \subset C$, also ist etwa $\frac{1}{2}(\tilde{c}+x) = \hat{c} \in C$, so daß $x = 2\hat{c} - \tilde{c} = \hat{c} + (\hat{c}-\tilde{c}) \in \mathrm{aff}(C)$). Wegen Lemma 1.3 ist dann $C^i = C^o \neq \emptyset$, andererseits ist $\overline{D} = E \setminus C^o = E$, also $C^o = \emptyset$ und wir haben den gewünschten Widerspruch.

H ist also eine A und B trennende Hyperebene.

Eine gelegentlich besser anwendbare Fassung des Trennungssatzes ist:

<u>1.8. Satz</u>: Seien A, B nichtleere konvexe Teilmengen von E mit $A^o \neq \emptyset$ und $A^o \cap B = \emptyset$. Dann existiert eine Hyperebene $H = [l,c]$ mit

1. $l(a) \leq c \leq l(b)$ für alle $a \in A$, $b \in B$
2. $l(a_o) < c$ für alle $a_o \in A^o$,

d.h. A und B lassen sich durch eine Hyperebene derart trennen, daß A^o ganz in einem algebraisch offenen Halbraum liegt.

<u>Beweis</u>: Man wende Satz 1.7 auf A^o, B an, es ist $(A^o)^o \cup B^o = A^o \cup B^o \supset A^o \neq \emptyset$. Es folgt die Existenz einer Hyperebene $H = [l;c]$ mit $l(a_o) \leq c \leq l(b)$ für alle $a_o \in A^o$, $b \in B$.

1. Seien $a \in A$, $a_o \in A^o$ beliebig. Dann ist nach Lemma 1.1 i) $[a_o,a) \subset A^o$, also $l((1-\lambda)\cdot a_o + \lambda a) = (1-\lambda)\cdot l(a_o) + \lambda l(a) \leq c$

für alle $\lambda \in [0,1)$. Mit $\lambda \to 1$ folgt $l(a) \leq c$.

2. Angenommen, es existiert ein $a_o \in A^o$ mit $l(a_o) = c$. Zu jedem $z \in E$ existiert ein $t_o > 0$ mit $a_o \pm t_o z \in A$, so daß $l(z) = 0$, also $l = \Theta$, was ein Widerspruch dazu ist, daß H eine Hyperebene ist.

Ist $M \subset E$ konvex, Z ein linearer Raum und $Y \subset Z$ ein konvexer Kegel, so heißt eine Abbildung $g : M \subset E \to Z$ <u>Y-konvex auf M</u>, falls $(1-\lambda)\cdot g(x) + \lambda g(y) - g((1-\lambda)\cdot x + \lambda y) \in Y$ für alle $x,y \in M$, $\lambda \in [0,1]$; eine auf $M = E$ Y-konvexe Abbildung heißt <u>Y-konvex</u>. Ist $Z = \mathbb{R}$, so heißt g <u>konvex</u> (auf M), falls g $[0,\infty)$-konvex (auf M).

<u>1.9. Lemma</u>: Sei $g : E \to \mathbb{R}$ konvex, $c \in \mathbb{R}$, $A \subset E$. Dann gilt:

i) Ist $g(x) \geq c$ für alle $x \in A$, so ist $g(x) \geq c$ für alle $x \in \overleftrightarrow{A}$

ii) Ist A konvex, $A^o \neq \emptyset$ und $g(x) \geq c$ für alle $x \in A^o$, so ist $g(x) \geq c$ für alle $x \in \overleftrightarrow{A}$.

<u>Beweis</u>: i) Sei $x \in \overleftrightarrow{A}$ beliebig. Dann existiert $a \in A$ mit $[a,x) \subset A$, also gilt $c \leq g((1-\lambda)\, a + \lambda x) \leq (1-\lambda)\, g(a) + \lambda g(x)$ für alle $\lambda \in [0,1)$, mit $\lambda \to 1$ folgt $c \leq g(x)$.

ii) Durch Anwendung von i) folgt $g(x) \geq c$ für alle $x \in \overleftrightarrow{A^o} = \overleftrightarrow{A}$ (siehe Lemma 1.1 iv)).

Ist $C \subset E$ eine Menge, so heißt $C^+ := \{l \in E' : l(c) \geq 0$ für alle $c \in C\}$ der zu C <u>duale Kegel</u>. ($C^+ \subset E'$ ist trivialerweise ein Kegel)

<u>1.10. Lemma</u> i) Sei $C \subset E$ ein Kegel, $l \in E'$, $c \in \mathbb{R}$ und $l(x) \geq c$ für alle $x \in C$. Dann ist $l \in C^+$ und $c \leq 0$.

ii) Sei $C \subset E$ eine Menge, $l \in C^+$, $l \neq \Theta$. Dann ist $l(x) > 0$ für alle $x \in C^o$.

<u>Beweis</u>: i) Angenommen, es existiert ein $x_o \in C$ mit $l(x_o) < 0$. Dann gilt $l(\lambda x_o) = \lambda l(x_o) \to -\infty$ für $\lambda \to \infty$, andererseits ist $l(\lambda x_o) \geq c$ für alle $\lambda > 0$, ein Widerspruch.

Aus $\Theta \in \overset{\leftrightarrow}{C}$ und Lemma 1.9 i) (lineare Funktionale sind trivialerweise konvex) folgt $c \le 0$.

ii) Angenommen, es existiert $x \in C^0$ mit $l(x) = 0$. Wie am Schluß des Beweises zu Satz 1.8 schließt man, daß $l = \Theta$, ein Widerspruch.

Bevor wir zum Fortsetzungssatz kommen, noch eine Bemerkung zum Dualraum eine Produktraumes:

Sind $E_1, \dots, E_n$ lineare Räume und $E = \prod_{i=1}^{n} E_i$ der Produktraum, so ist $E' = (\prod_{i=1}^{n} E_i)' = \prod_{i=1}^{n} E_i'$. Genauer: Ist $l \in E'$, so existieren $l_i \in E_i'$ $(i=1,\dots,n)$ mit $l(x) = l(x_1,\dots,x_n) = \sum_{i=1}^{n} l_i(x_i)$ für alle $x = (x_1,\dots,x_n) \in E$. Und umgekehrt: Sind $l_i \in E_i'$ $(i=1,\dots,n)$ und definiert man $l : E \to \mathbb{R}$ durch $l(x_1,\dots,x_n) = \sum_{i=1}^{n} l_i(x_i)$, so ist $l \in E'$.

Ist $Y = \prod_{i=1}^{n} Y_i \subset E = \prod_{i=1}^{n} E_i$ und $\Theta \in \overset{\leftrightarrow}{Y_i}$ $(i=1,\dots,n)$ sowie $l \in Y^+$, so ist $l_i \in Y_i^+$ $(i=1,\dots,n)$, wobei $l = (l_1,\dots,l_n)$ wie oben.

<u>1.11. Satz</u> (HAHN-BANACH)

Sei $g : E \to \mathbb{R}$ konvex, $L \subset E$ ein linearer Teilraum, $l \in L'$ und $l \le g|L$ (d.h. $l(x) \le g(x)$ für alle $x \in L$). Dann existiert eine Fortsetzung $\bar{l} \in E'$ von l (d.h. $l = \bar{l}|L$) mit $\bar{l} \le g$ (d.h. $\bar{l}(x) \le g(x)$ für alle $x \in E$).

<u>Beweis</u>: In $E \times \mathbb{R}$ definiere man die Mengen

$A := \{ (x,t) \in E \times \mathbb{R} : g(x) < t \}$

$B := \{ (x,l(x)) \in E \times \mathbb{R} : x \in L \}$

A und B sind konvex, B sogar linearer Teilraum, und $A \cap B = \emptyset$. Ferner ist A algebraisch offen, denn sei $(x_0,t_0) \in A$ und $(x,t) \in E$ beliebig. Für $\lambda \in [0,1]$ ist

$$t_o + \lambda t - g(x_o+\lambda x) = t_o + \lambda t - g((1-\lambda)\cdot x_o + \lambda(x_o+x))$$
$$\geq t_o + \lambda t - (1-\lambda)\cdot g(x_o) - \lambda g(x_o+x)$$
$$= t_o - g(x_o) + \lambda\{t + g(x_o) - g(x_o+x)\}$$
$$> 0 \text{ für alle hinreichend kleinen } \lambda > 0,$$

also ist $(x_o,t_o) \in \mathring{A}$, $A = \mathring{A}$. Damit ist $\mathring{A} \cap B = \emptyset$, Satz 1.8 ist anwendbar und liefert, daß man A und B durch eine Hyperebene $[\tilde{l}; c]$ trennen kann:

$$\tilde{l}(y,l(y)) \leq c < \tilde{l}(x,t) \text{ für alle } y \in L, (x,t) \in A.$$

Es ist $\tilde{l} \in (E \times \mathbb{R})'$, also $\tilde{l} = (l_1,\alpha) \in E' \times \mathbb{R}$ mit

$l_1(y) + \alpha l(y) \leq c < l_1(x) + \alpha \cdot t$ für alle $y \in L$, $(x,t) \in A$.

Da L ein linearer Raum ist, folgt

$l_1|L + \alpha \cdot l = \Theta$ und $l_1(x) + \alpha \cdot t > 0$ für alle $(x,t) \in A$.

Setzt man in die Ungleichung $(x,t) := (\Theta, |g(\Theta)| + 1) \in A$ ein, so folgt $\alpha > 0$.

Setze nun $\bar{l} := -\frac{1}{\alpha} l_1$, dann gilt:

$-\bar{l}|L + l = \Theta$ und $-\bar{l}(x) + t > 0$ für alle $(x,t) \in A$,

zu zeigen bleibt: $\bar{l} \leq g$.

Gäbe es $x \in E$ mit $\bar{l}(x) > g(x)$, so wäre $(x,\bar{l}(x)) \in A$, also $-\bar{l}(x) + \bar{l}(x) > 0$, Widerspruch, und damit ist der Satz von HAHN-BANACH bewiesen.

Eine leichte Folgerung ist

<u>1.12. Satz</u>: Sei ρ eine Seminorm auf E (d.h. $\rho : E \to \mathbb{R}$ ist eine Abbildung mit

1. $\rho(\lambda x) = |\lambda|\rho(x)$ für $\lambda \in \mathbb{R}$, $x \in E$
2. $\rho(x+y) \leq \rho(x) + \rho(y)$ für $x,y \in E$).

Sei L ein linearer Teilraum von E, es sei $l \in L'$ mit $|l| \leq \rho|L$ (d.h. $|l(x)| \leq \rho(x)$ für alle $x \in L$). Dann existiert eine Fortsetzung $\bar{l} \in E'$ von l mit $|\bar{l}(x)| \leq \rho(x)$ für alle $x \in E$.

<u>Beweis</u>: Nach Voraussetzung ist $l \leq |l| \leq \rho$ auf L. Eine Seminorm ist offenbar konvex,

also existiert eine Fortsetzung $\bar{l} \in E'$ von l mit $\bar{l}(x) \leq \rho(x)$ für alle $x \in E$. Dann ist aber auch $-\bar{l}(x) = \bar{l}(-x) \leq \rho(-x) = \rho(x)$, also $|\bar{l}(x)| \leq \rho(x)$ für alle $x \in E$.

Für den Beweis des folgenden Trennungssatzes benötigen wir

1.13. Satz: Sei $L \subset E$ ein linearer Teilraum und $l \in L'$. Dann existiert eine Fortsetzung $\bar{l} \in E'$ von l.

Beweis: Sei $\mathfrak{C} := \{(V,f) : L \subset V \subset E$ ist linearer Teilraum, $f \in V'$ ist Fortsetzung von $l\}$.

In $\mathfrak{C}$ führe man eine Halbordnung ein durch: $(V_1,f_1) \leq (V_2,f_2)$ genau dann, wenn $V_1 \subset V_2$ und f_2 eine Fortsetzung von f_1 ist. Wie man leicht nachweist, ist $\mathfrak{C}$ induktiv geordnet. Nach dem ZORN'schen Lemma existiert ein maximales Element $(\bar{L},\bar{l})$. Zu zeigen ist $\bar{L} = E$. Angenommen, es existiert ein $x_o \in E \setminus \bar{L}$. Sei $\tilde{L} := \text{span}(x_o,\bar{L})$. Jedes $\tilde{x} \in \tilde{L}$ hat eine eindeutige Darstellung $\tilde{x} = \alpha x_o + \bar{x}$ mit $\alpha \in \mathbb{R}$, $\bar{x} \in \bar{L}$. Definiere nun $\tilde{l} \in \tilde{L}'$ durch $\tilde{l}(\tilde{x}) = \alpha + \bar{l}(\bar{x})$. Dann ist $(\tilde{L},\tilde{l}) \in \mathfrak{C}$ und $(\bar{l},\bar{L}) \underset{\neq}{\leq} (\tilde{L},\tilde{l})$, ein Widerspruch zur Maximalität von $(\bar{L},\bar{l})$.

1.14. Satz: Ist $A \subset E$ konvex, $A^i \neq \emptyset$ und $x \notin A^i$, so lassen sich $\{x\}$ und A durch eine Hyperebene $H = [\bar{l},c]$ trennen: $\bar{l}(a) \leq c \leq \bar{l}(x)$ für alle $a \in A$.

Beweis: O.B.d.A. ist $\Theta \in A$ (andernfalls wähle man sich ein beliebiges $a \in A$ und setze $B = A - a$. Dann ist B konvex, $B^i = A^i - a \neq \emptyset$ und $x - a \notin B^i$). Dann ist $\text{aff}(A) = \text{span}(A) =: L$ ein linearer Teilraum. Wir machen eine Fallunterscheidung:

(a) $x \in L$. Bezüglich L hat A wegen $A^i \neq \emptyset$ ein nichtleeres algebraisches Innere, ferner ist $\{x\} \cap A^i = \emptyset$. Aus Satz 1.8 folgt die Existenz einer Hyperebene $H = [l;c]$ in L (d.h. $l \in L'$) mit $l(a) \leq c \leq l(x)$ für alle $a \in A$.

$\bar{l}$ sei eine nach Satz 1.13 existierende Fortsetzung von l auf E. $\bar{H} = [\bar{l},c]$ ist die gesuchte Hyperebene.

ⓑ $x \notin L$. Sei $\tilde{L} := \text{span}(x,L)$, definiere $\tilde{l} \in \tilde{L}'$ durch $\tilde{l}(\alpha x+h) := \alpha$ für $\alpha \in \mathbb{R}$, $h \in L$. Dann ist $\tilde{l}|L = 0$ und $\tilde{l}(x) = 1$, also $\tilde{l} \neq \Theta$. Nach Satz 1.13 kann $\tilde{l}$ auf E fortgesetzt werden, d.h. es existiert ein $\bar{l} \in E'$ mit $\bar{l}|L = \Theta$ und $\bar{l}(x) = 1$. Wegen $A \subset L$ ist $0 = \bar{l}(a) \leq \bar{l}(x) = 1$ für alle $a \in A$, $\bar{H} = [\bar{l};0]$ also die gesuchte Hyperebene.

§2 Konvexe Mengen in linearen normierten Räumen

Im folgenden sei $(E, \| \ \|)$ stets ein linearer normierter Raum über $\mathbb{R}$. Grundkenntnisse der Funktionalanalysis in linearen normierten Räumen werden vorausgesetzt, damit auch u.a. die Definition für das (topologische) Innere $\mathring{A}$ und den (topologischen) Abschluß $\bar{A}$ einer Menge $A \subset E$, die Stetigkeit von Abbildungen zwischen linearen normierten Räumen, die Norm eines stetigen linearen Operators usw.. Mit E^* bezeichnen wir den <u>(topologischen) Dualraum</u> von E, also die Menge aller stetigen linearen Funktionale auf E. Als Abkürzung benutzen wir ferner $K(x;\varepsilon) := \{y \in E : \|y-x\| < \varepsilon\}$ bzw.

$$K[x;\varepsilon] := \{y \in E : \|y-x\| \leq \varepsilon\}$$

für die offene bzw. abgeschlossene Kugel um x mit Radius ε.

Unser erstes Ziel ist es, wenigstens für konvexe Mengen einen Zusammenhang zwischen algebraischem und topologischem Inneren und algebraischem und topologischem Abschluß herzustellen.

<u>2.1. Lemma</u>: Sei $A \subset E$ konvex. Dann gilt:

i) Ist $a_o \in \mathring{A}$, $a \in \bar{A}$, so ist $[a_o, a) \subset \mathring{A}$

ii) Ist $\mathring{A} \neq \emptyset$, so ist $A^o = \mathring{A}$ und $\overset{\leftrightarrow}{A} = \bar{A}$

iii) $\bar{A}$ ist konvex.

<u>Beweis</u>: i) Da $a_o \in \mathring{A}$ existiert eine Kugel $K(a_o;\varepsilon) \subset A$. Mit $\lambda \in [0,1)$ sei $a_\lambda := (1-\lambda)\, a_o + \lambda a \in [a_o, a)$. Nun wähle man $\delta > 0$ so klein, daß $\frac{\lambda\delta}{1-\lambda} < \frac{\varepsilon}{2}$. Wegen $a \in \bar{A}$ ist $K(a;\delta) \cap A \neq \emptyset$, sei etwa $\hat{a} \in K(a;\delta) \cap A$. Nun definiere man $\hat{b} := \frac{a_\lambda - \lambda\hat{a}}{1-\lambda} = a_o + \frac{\lambda(a-\hat{a})}{1-\lambda}$.

Dann ist $\hat{b} \in K(a_o; \frac{\lambda\delta}{1-\lambda}) \subset K(a_o; \frac{\varepsilon}{2})$, wegen $K(a_o;\varepsilon) \subset A$ ist daher $K(\hat{b}; \frac{\varepsilon}{2}) \subset A$. Wir zeigen, daß $K(a_\lambda; (1-\lambda)\cdot\frac{\varepsilon}{2}) \subset A$, womit $a_\lambda \in \mathring{A}$ gezeigt ist.

Sei $b \in K(a_\lambda; (1-\lambda)\cdot\frac{\varepsilon}{2})$, dann ist

$\| b - a_\lambda \| = \| b - (\lambda\hat{a}+(1-\lambda)\hat{b}) \| < (1-\lambda)\cdot\frac{\varepsilon}{2}$, so daß

$\tilde{a} := \frac{b-\lambda\hat{a}}{1-\lambda} \in K(\hat{b};\frac{\varepsilon}{2}) \subset A$ und daher $b = \lambda\hat{a} + (1-\lambda)\,\tilde{a} \in A$.

ii) ⓐ $\mathring{A} \subset A^{\circ}$ (hierzu benötigt man nicht die Konvexität von A) ist offenbar trivial.

ⓑ Sei $a \in A^{\circ}$. Nach Voraussetzung existiert ein $a_o \in \mathring{A}$, nach i) ist $[a_o,a) \subset \mathring{A}$. Wegen $a \in A^{\circ}$ existiert ein $\varepsilon > 0$ mit $a + \frac{\varepsilon}{2}(a-a_o) \in A$, wiederum nach i) ist $a \in [a_o, a + \frac{\varepsilon}{2}(a-a_o)) \subset \mathring{A}$, also $A^{\circ} \subset \mathring{A}$.

ⓒ $\overleftrightarrow{A} \subset \bar{A}$: Sei $b \in \overleftrightarrow{A}$, dann existiert $a \in A$ mit $[a,b) \subset A$, also ist $b = \lim\limits_{\lambda\to 1}[(1-\lambda)\,a + \lambda b] \in \bar{A}$ (Hier wird offenbar wieder nicht die Konvexität von A benutzt).

ⓓ Sei $b \in \bar{A}$, $a_o \in \mathring{A}$. Nach i) ist $[a_o,b) \subset \mathring{A} \subset A$, also $b \in \overleftrightarrow{A}$, d.h. $\bar{A} \subset \overleftrightarrow{A}$.

iii) Daß mit A auch $\bar{A}$ konvex ist, ist trivial.

In Lemma 1.4 hatten wir den Zusammenhang zwischen den vom Nullelement verschiedenen Elementen von E' und den Hyperebenen in E aufgezeigt. Derselbe Zusammenhang besteht zwischen den vom Nullelement verschiedenen Elementen von E* und den abgeschlossenen Hyperebenen in E, wie das folgende Lemma zeigt.

<u>2.2. Lemma</u>: i) Ist $H \subset E$ eine Hyperebene, so ist entweder $H = \bar{H}$ (H also abgeschlossen) oder $\bar{H} = E$ (H dicht in E).

ii) Sei $l \in E'$, $l \neq \Theta$. Dann gilt für jedes $c \in \mathbb{R}$: Die Hyperebene $H := \{x \in E : l(x) = c\}$ ist genau dann abgeschlossen, wenn $l \in E^*$.

<u>Beweis</u>: i) Sei $H = x_o + V$ eine Hyperebene in E. Dann ist $\bar{H} = x_o + \bar{V}$ ebenfalls ein affin linearer Teilraum (denn mit V ist auch $\bar{V}$ ein linearer Teilraum), ferner ist $H \subset \bar{H}$.

Aus der Maximalitätseigenschaft einer Hyperebene folgt die Behauptung i).

ii) ⓐ Sei $l \in E^*$. $H = \{x \in E : l(x) = c\}$ ist trivialerweise abgeschlossen.

ⓑ Ist $H = \{x \in E : l(x) = c\}$ eine abgeschlossene Hyperebene, so auch $V := \{x \in E : l(x) = 0\}$. Dann ist mit beliebigem $z \notin V : E = \operatorname{span}(z,V)$. Sei $\{x_n\} \subset E$, $x_n \to x \in E$. Zu zeigen ist $l(x_n) \to l(x)$. Nun sind x_n, x eindeutig darstellbar in der Form $x_n = \alpha_n z + v_n$, $x = \alpha z + v$ mit $\alpha_n, \alpha \in \mathbb{R}$, $v_n, v \in V$. Sei $d := d(z,V) = \inf_{u \in V} \| z - u\|$ der Abstand von z zu V. Da V abgeschlossen und $z \notin V$, ist $d > 0$. Ferner ist $|\alpha_n - \alpha|\, d \leq \| x_n - x\| \to 0$, daher $\alpha_n \to \alpha$ und $l(x_n) = \alpha_n l(z) \to \alpha l(z) = l(x)$.

Wenn wir zeigen wollen, daß sich zwei konvexe Mengen unter gewissen Voraussetzungen durch eine abgeschlossene Hyperebene trennen lassen, so werden wir i.a. zunächst einen algebraischen Trennungssatz (Satz 1.7 oder 1.8) anwenden und dann die Stetigkeit des erzeugenden Funktionals mit Hilfe des folgenden Lemmas nachweisen.

<u>2.3. Lemma</u>: Sei $l \in E'$, $A \subset E$ und $\mathring{A} \neq \emptyset$. Es existiere eine Konstante $c \in \mathbb{R}$ mit $l(x) \leq c$ (oder $l(x) \geq c$) für alle $x \in A$. Dann ist $l \in E^*$.

<u>Beweis</u>: Sei $a_o \in \mathring{A}$, so daß ein $\varepsilon > 0$ mit $K[a_o;\varepsilon] \subset A$ existiert. Sei $x \in E$ mit $\|x\| \leq 1$ beliebig gewählt. Dann ist $a_o \pm \varepsilon x \in A$, also $l(a_o \pm \varepsilon x) = l(a_o) \pm \varepsilon\, l(x) \leq c$ und daher

$$|l(x)| \leq \frac{c - l(a_o)}{\varepsilon} \text{ für alle } x \in E \text{ mit } \|x\| \leq 1, \text{ so daß } l \in E^*.$$

Wenn wir z.B. wissen, daß $l(x) \leq g(x)$ für alle $x \in A$ mit einer in einem Punkt $a_o \in \mathring{A}$ stetigen Funktion g, so ist $l \in E'$ sogar ein Element aus E^*. Denn zu vorgegebenem $\varepsilon > 0$ existiert $\delta > 0$ derart, daß $K(a_o;\delta) \subset A$ und $g(x) \leq g(a_o) + \varepsilon$ für alle $x \in K(a_o;\delta)$, Anwendung von Lemma 2.3 auf $K(a_o;\delta)$ statt A und $g(a_o) + \varepsilon$ statt c ergibt diese Behauptung.

Nun können wir leicht die topologischen Trennungssätze beweisen:

__2.4. Satz__ (EIDELHEIT) : Seien A, B nichtleere konvexe Teilmengen von E mit $\mathring{A} \neq \emptyset$ und $\mathring{A} \cap B = \emptyset$. Dann existiert eine abgeschlossene Hyperebene $H = [l;c]$ ($l \in E^*$, $l \neq \Theta$, $c \in \mathbb{R}$) mit

1. $l(a) \leq c \leq l(b)$ für alle $a \in A$, $b \in B$.
2. $l(a_o) < c$ für alle $a_o \in \mathring{A}$.

__Beweis__: Nach Lemma 2.1 ii) ist $A^o = \mathring{A} \neq \emptyset$. Anwendung von Satz 1.8 liefert die Existenz einer Hyperebene $H = [l;c]$ mit den Eigenschaften 1.,2. Aus $l(a) \leq c$ für alle $a \in A$ und Lemma 2.3 folgt $l \in E^*$.

Eine einfache Folgerung ist

__2.5. Satz__: Sei $A \subset E$ eine konvexe, abgeschlossene Menge und $x \notin A$. Dann können $\{x\}$ und A strikt durch eine abgeschlossene Hyperebene $H = [l;c]$ getrennt werden, d.h. es existieren $l \in E^*$, $l \neq \Theta$, $c \in \mathbb{R}$ mit $l(x) < c < l(a)$ für alle $a \in A$.

__Beweis__: Da $x \notin \bar{A}$ ist $d = d(x,A) = \inf_{a \in A} \|x - a\| > 0$. Dann ist $K(x;d) \cap A = \emptyset$, $K(x;d)$ ist offen und konvex. Satz 2.4 liefert die Existenz einer abgeschlossenen Hyperebene $H = [l;\tilde{c}]$ mit $l(z) < \tilde{c} \leq l(a)$ für alle $z \in K(x,d)$, $a \in A$, speziell $l(x) < \tilde{c} \leq l(a)$ für alle $a \in A$. Setzt man $c := \frac{\tilde{c}+l(x)}{2}$ so folgt die Behauptung.

Wie sich Satz 1.11 und Satz 1.12 sofort mit Hilfe der Bemerkung im Anschluß an Lemma 2.3 auf die Fortsetzung stetiger linearer

Funktionale auf den ganzen Raum unter Beibehaltung gewisser Ungleichungen übertragen lassen, wenn das konvexe Funktional g bzw. die Seminorm ρ etwa in Θ stetig sind, ist offensichtlich und wir wollen hierauf nicht näher eingehen.

Stattdessen geben wir zwei weitere Folgerungen an:

<u>2.6. Satz</u>: Sei $L \subset E$ ein linearer Teilraum und $l \in L^*$. Dann existiert eine Fortsetzung $\bar{l} \in E^*$ mit $\|\bar{l}\| = \|l\|_L$.

<u>Beweis</u>: Setze $\rho(x) := \|l\|_L \cdot \|x\|$, so daß $|l(x)| \leq \rho(x)$ auf L. Anwendung von Satz 1.12 ergibt: Es existiert eine Fortsetzung $\bar{l} \in E'$ mit $|\bar{l}(x)| \leq \|l\|_L \cdot \|x\|$ für alle $x \in E$. Dann ist $\bar{l} \in E^*$ und $\|\bar{l}\| \leq \|l\|_L$. Andererseits ist

$$\|\bar{l}\| = \sup_{\substack{x \in E \\ x \neq \Theta}} \frac{|\bar{l}(x)|}{\|x\|} \geq \sup_{\substack{x \in L \\ x \neq \Theta}} \frac{|\bar{l}(x)|}{\|x\|} = \sup_{\substack{x \in L \\ x \neq \Theta}} \frac{|l(x)|}{\|x\|} = \|l\|_L,$$

so daß insgesamt $\|\bar{l}\| = \|l\|_L$.

<u>2.7. Satz</u>: Sei $x \in E$. Dann gibt es ein Element $\bar{l} \in E$, $\bar{l} \neq \Theta$ mit $\bar{l}(x) = \|\bar{l}\| \cdot \|x\|$.

<u>Beweis</u>: o.B.d.A. sei $x \neq \Theta$. Sei $L := \operatorname{span}\{x\}$. Auf L definiere man $l \in L^*$ durch $l(\alpha x) = \alpha \|x\|$, so daß $\|l\|_L = 1$ und $l(x) = \|x\|$. Nach Satz 2.6 existiert eine Fortsetzung $\bar{l} \in E^*$ mit $\|\bar{l}\| = \|l\|_L = 1$, so daß auch $\bar{l}(x) = \|x\| = \|\bar{l}\| \cdot \|x\|$.

II Notwendige Optimalitätsbedingungen

§1 Problemstellung, Definitionen, Hilfssätze

Unser Ziel ist es, notwendige Bedingungen dafür anzugeben, daß eine Abbildung $f : E \to Z_o$ zwischen linearen Räumen E und Z_o in einem Punkt $x_o \in M$ mit $M \subset E$ ihr Minimum auf M annimmt. Da wir nicht nur den Fall $Z_o = \mathbb{R}$ zulassen wollen, haben wir zunächst zu definieren, was wir unter einem Minimum der Abbildung f auf M verstehen wollen.

<u>1.1. Definition</u>: Seien E, Z_o lineare Räume, $Y_o \subset Z_o$ ein eigentlicher Kegel und $M \subset E$ sowie $f : E \to Z_o$ eine Abbildung.

i) $x_o \in M$ heißt <u>(globales) Minimum</u> von f auf M, falls es kein $x \in M$ gibt mit $f(x_o) - f(x) \in Y_o^o$.

ii) Ist E ein linearer normierter Raum, so heißt $x_o \in M$ ein <u>lokales Minimum</u> von f auf M, falls es eine Umgebung U von x_o gibt derart, daß x_o globales Minimum von f auf $M \cap U$ ist.

Ist z.B. $Z_o = \mathbb{R}$ und $Y_o = [0, \infty)$, so stimmen die oben angegebenen Definitionen offenbar mit den gewohnten überein.

Wir wollen nun definieren, was wir unter einem B-Minimum von f auf $M \subset E$ verstehen, benötigen hierzu aber noch zwei wichtige Bezeichnungen, die wir auch in den folgenden Paragraphen benutzen werden.

<u>Bezeichnungen</u>: i) Sei E ein linearer Raum. Dann sei

$$R(E) := \{r : (0, \sigma] \to E : \sigma > 0\}$$

ii) Sei E ein linearer normierter Raum. Dann sei

$$H(E) := \{r \in R(E) : \lim_{t \to 0+} \frac{r(t)}{t} = \Theta\}.$$

R(E) kann offenbar in trivialer Weise zu einem linearen Raum gemacht werden. Ist E ein linearer normierter Raum, so ist $H(E) \subset R(E)$ ein linearer Teilraum. In Abhängigkeit von einer Menge $B \subset R(E)$ definieren wir nun die Menge der Abstiegsrichtungen einer Abbildung $f : E \to Z_o$ in einem Punkte x_o, die Menge der zulässigen Richtungen für eine Menge $X \subset E$ in einem Punkt $x_o \in X$ und die Menge der tangentialen Richtungen an eine Menge $X \subset E$ in einem Punkt $x_o \in X$. Es heißt dann $x_o \in M$ ein B-Minimum, wenn es keine Abstiegsrichtung von f in x_o gibt, die gleichzeitig tangential an M in x_o ist. Genauer:

<u>1.2. Definition</u>: Seien E, Z_o lineare Räume, $Y_o \subset Z_o$ ein eigentlicher Kegel und $B \subset R(E)$.

ⓐ Sei $f: E \to Z_o$ eine Abbildung und $x_o \in E$. Die Menge

$$B_a(f,x_o) := \{h \in E : \text{Zu jedem } r \in B \text{ existiert ein } \tau > 0 \text{ derart, daß } f(x_o+th+r(t)) - f(x_o) \in -\overset{\circ}{Y}_o \text{ für alle } t \in (0,\tau]\}$$

heißt <u>Menge der Abstiegsrichtungen von f in x_o</u> (bezüglich B).

ⓑ Sei $X \subset E$ und $x_o \in X$.

i) $$B_z(X,x_o) := \{h \in E : \text{Zu jedem } r \in B \text{ existiert } \tau > 0 \text{ derart, daß } x_o + th + r(t) \in X \text{ für alle } t \in (0,\tau]\}$$

heißt <u>Menge der zulässigen Richtungen für X in x_o</u> (bezüglich B).

ii) $$B_t(X,x_o) := \{h \in E : \text{Es existiert } r \in B \text{ und eine Folge } \{t_j\} \subset \mathbb{R}^+ \text{ mit } \lim_{j\to\infty} t_j = 0 \text{ derart, daß } x_o + t_jh + r(t_j) \in X \text{ für alle } j \in \mathbb{N}\}$$

heißt <u>Menge der tangentialen Richtungen an X in x_o</u> (bezüglich B).

(c) Sei $M \subset E$. Dann heißt $x_o \in M$ ein <u>B-Minimum</u> von f auf M, falls $B_a(f,x_o) \cap B_t(M,x_o) = \emptyset$.

<u>Bemerkungen</u> : 1. Ist $B_a(f,x_o) \cap B_t(M,x_o) \neq \emptyset$, x_o also kein B-Minimum von f auf M, so existieren ein $h \in E$, ein $r \in B$ und eine Folge $\{t_j\} \subset \mathbb{R}^+$ mit $\lim\limits_{j\to\infty} t_j = 0$ derart, daß $x_o + t_j h + r(t_j) \in M$ und $f(x_o) - f(x_o+t_jh+r(t_j)) \in \overset{\circ}{Y}_o$ für alle j, so daß x_o kein globales Minimum von f auf M ist. Anders ausgedrückt: Ist x_o globales Minimum von f auf M, so auch ein B-Minimum für jedes $B \subset R(E)$.

2. Ist E ein linearer normierter Raum und $x_o \in M$ ein lokales Minimum, so ist x_o ein B-Minimum von f auf M, falls $B \subset \{r \in R(E) : \lim\limits_{t\to 0+} r(t) = \Theta\}$.

3. Ist E ein linearer normierter Raum, so definiert man (siehe z.B. GIRSANOV [14], VARAIYA [53], KRABS [32]) :

i) Ist $f : E \to \mathbb{R}$ und $x_o \in E$, so heißt

$K_a(f,x_o) := \{h \in E$: Es existiert eine Umgebung U(h) von h, ein $\varepsilon_o > 0$ und $\alpha < 0$ mit $f(x_o+\varepsilon\bar{h}) \leq f(x_o) + \varepsilon\alpha$ für alle $\bar{h} \in U(h)$, $\varepsilon \in (0,\varepsilon_o]\}$

der <u>Kegel der Abnahmerichtungen</u> von f in x_o

ii) Ist $X \subset E$, $x_o \in X$, so heißt

$K_i(X,x_o) := \{h \in E$: Es existiert eine Umgebung U(h) von h und ein $\varepsilon_o > 0$ derart, daß $x_o + \varepsilon\bar{h} \in X$ für alle $\bar{h} \in U(h)$, $\varepsilon \in (0,\varepsilon_o]\}$

der <u>Kegel der inneren Richtungen</u> für X in x_o.

iii) Ist $X \subset E$, $x_o \in X$, so heißt

$T(X,x_o) := \{h \in E$: Es existieren $\{\lambda_j\} \subset \mathbb{R}^+$ und $\{x_j\} \subset X$ mit $\lim\limits_{j\to\infty} x_j = x_o$, $\lim\limits_{j\to\infty} \lambda_j(x_j-x_o) = h\}$.

der <u>Tangentialkegel</u> an X in x_o.

(Mit zum Teil etwas anderen Bezeichnungen findet man diese Definitionen auch bei BAZARAA-SHETTY [5]). Daß $K_a(f,x_o)$, $K_i(X,x_o)$ und $\dot{T}(X,x_o)$ wirklich Kegel sind, ist einfach nachzurechnen. Ferner sind $K_a(f,x_o)$ und $K_i(X,x_o)$ offen, $T(X,x_o)$ abgeschlossen.

4. Wir wollen nun einen Zusammenhang herstellen zwischen den in Definition 1.2 definierten Mengen und den in der vorigen Bemerkung definierten Kegeln. Es gilt:

Ist E ein linearer normierter Raum, $f : E \to \mathbb{R}$ eine Abbildung, $X \subset E$, $x_o \in X$ und $B = H(E)$, so ist

i) $K_a(f,x_o) \subset B_a(f,x_o)$

ii) $K_i(X,x_o) \subset B_z(X,x_o)$

iii) $T(X,x_o) \;=\; B_t(X,x_o)$.

Denn: i) Sei $h \in K_a(f,x_o)$, so daß eine Umgebung $U(h)$ und $\varepsilon_o > 0$ existieren derart, daß $f(x_o+t\bar{h}) < f(x_o)$ für alle $\bar{h} \in U(h)$, $t \in (0,\varepsilon_o]$. Sei $r \in H(E)$. Dann existiert ein $\sigma > 0$ derart, daß $h + \frac{r(t)}{t} \in U(h)$ für alle $t \in (0,\sigma]$. Mit $\tau := \min(\sigma,\varepsilon_o)$ ist dann $f(x_o+t(h+\frac{r(t)}{t})) = f(x_o+th+r(t)) < f(x_o)$ für $t \in (0,\tau]$, also $h \in B_a(f,x_o)$.

ii) Zeigt man ganz entsprechend.

iii) ⓐ $T(X,x_o) \subset B_t(X,x_o)$

Sei $h \in T(X,x_o)$, so daß $\{\lambda_j\} \subset \mathbb{R}^+$ und $\{x_j\} \subset X$ mit $\lim_{j\to\infty} x_j = x_o$ und $\lim_{j\to\infty} \lambda_j(x_j-x_o) = h$ existieren.

Nun setze man $t_j := \frac{1}{\lambda_j}$ und $r_j := x_j - x_o - \frac{1}{\lambda_j} h$. Dann gilt : $\lim_{j\to\infty} t_j = 0$ und $x_o + t_j h + r_j = x_j \in X$. Ferner ist

$\lim_{j\to\infty} \frac{r_j}{t_j} = \lim_{j\to\infty} \lambda_j r_j = \lim_{j\to\infty} \lambda_j(x_j-x_o) - h = \Theta$. Wählt man

$r \in H(E)$ mit $r(t_j) = r_j$, so sieht man, daß $h \in B_t(X,x_o)$.

(b) $B_t(X,x_o) \subset T(X,x_o)$.

Sei $h \in B_t(X,x_o)$, so daß $r \in H(E)$ und $\{t_j\} \subset \mathbb{R}^+$ mit $\lim_{j\to\infty} t_j = 0$ existieren derart, daß $x_o + t_j h + r(t_j) \in X$.

Setze dann $x_j := x_o + t_j h + r(t_j)$, $\lambda_j := \frac{1}{t_j}$. Dann ist

1. $x_j = x_o + t_j(h + \frac{r(t_j)}{t_j}) \to x_o$ für $j \to \infty$

2. $\lambda_j(x_j - x_o) = \frac{1}{t_j}(x_j - x_o) = h + \frac{r(t_j)}{t_j} \to h$ für $j \to \infty$,

so daß $h \in T(X,x_o)$.

Die Restriktionenmenge M, auf der die Abbildung f zu minimieren ist, ist in den Anwendungen häufig als Durchschnitt von drei Mengen X_o, X_1, X_2 gegeben: der expliziten Restriktion $X_o \subset E$, der Ungleichungsrestriktion $X_1 \subset E$ und der Gleichungsrestriktion $X_2 \subset E$. $x_o \in M := X_o \cap X_1 \cap X_2$ ist ein B-Minimum von f auf M, falls $\emptyset = B_a(f,x_o) \cap B_t(X_o \cap X_1 \cap X_2, x_o)$. Mit Hilfe des folgenden Lemmas können wir Teilmengen von $B_t(X_o \cap X_1 \cap X_2, x_o)$ angeben:

<u>1.3. Lemma</u>: Sei E ein linearer Raum, $X, \tilde{X} \subset E$ Teilmengen, $B \subset R(E)$ und $x_o \in X \cap \tilde{X}$. Dann gilt:

i) $B_z(X,x_o) \cap B_t(\tilde{X},x_o) \subset B_t(X \cap \tilde{X}, x_o)$

ii) $B_z(X,x_o) \cap B_z(\tilde{X},x_o) = B_z(X \cap \tilde{X}, x_o)$

<u>Beweis</u>: i) Sei $h \in B_z(X,x_o) \cap B_t(\tilde{X},x_o)$. Dann existieren $r \in B$ und $\{t_j\} \subset \mathbb{R}^+$ mit $\lim_{j\to\infty} t_j = 0$ derart, daß $x_o + t_j h + r(t_j) \in X \cap \tilde{X}$ für alle $j \in \mathbb{N}$, d.h. $h \in B_t(X \cap \tilde{X}, x_o)$.

ii) ist trivial.

Das folgende Lemma kann man als eine erste einfache notwendige Bedingung dafür auffassen, daß $x_o \in M := X_o \cap X_1 \cap X_2$ (bzw. $X_o \cap X_1$)

ein B-Minimum von f auf M ist.

<u>1.4. Lemma</u>: Seien E, Z_o lineare Räume. $Y_o \subset Z_o$ sei ein eigentlicher Kegel. X_o, X_1, $X_2 \subset E$ seien Teilmengen, $f : E \to Z_o$ eine Abbildung und $B \subset R(E)$. Dann gilt:

i) Ist $x_o \in M := X_o \cap X_1 \cap X_2$ ein B-Minimum von f auf M, so ist

$$B_a(f,x_o) \cap B_z(X_o,x_o) \cap B_z(X_1,x_o) \cap B_t(X_2,x_o) = \emptyset.$$

ii) Ist $x_o \in M := X_o \cap X_1$ ein B-Minimum von f auf M, so ist

$$B_a(f,x_o) \cap B_t(X_o,x_o) \cap B_z(X_1,x_o) = \emptyset.$$

<u>Beweis</u>: i) Nach Definition eines B-Minimums ist $B_a(f,x_o) \cap B_t(X_o \cap X_1 \cap X_2,x_o) = \emptyset$. Nach Lemma 1.3. ist

$$B_t(X_o \cap X_1 \cap X_2,x_o) \supset B_z(X_o \cap X_1,x_o) \cap B_t(X_2,x_o)$$
$$= B_z(X_o,x_o) \cap B_z(X_1,x_o) \cap B_t(X_2,x_o),$$ woraus die Behauptung folgt.

ii) folgt ebenso.

Unser nächstes Ziel ist es, die Menge der Abstiegsrichtungen, der zulässigen und der tangentialen Richtungen für gewisse Abbildungen bzw. Mengen zu berechnen oder wenigstens Teilmengen anzugeben. Hierzu wird ein sehr schwacher Differenzierbarkeitsbegriff eingeführt, dessen Zusammenhang mit bekannten Differenzierbarkeitsbegriffen erst in §4 angegeben wird.

<u>1.5. Definition</u>: E und Z seien lineare Räume, $x_o \in E$ und $f : E \to Z$ eine Abbildung. $C \subset Z$ sei nichtleer und $B \subset R(E)$. Eine Abbildung $f'(x_o) : E \to Z$ heißt <u>eine B-Variation von f in x_o bezüglich C</u>, falls gilt: Ist $h \in E$ und $f'(x_o)(h) \in C$, so existiert zu jedem $r \in B$ ein $\tau > 0$ derart, daß $\frac{1}{t}\{f(x_o+th+r(t)) - f(x_o)\} \in C$ für alle $t \in (0,\tau]$.

<u>Bemerkungen:</u> Eine B-Variation einer Abbildung $f : E \to Z$ in einem Punkt $x_o \in E$ bezüglich einer Menge $C \subset Z$ ist nicht notwendig linear, was z.B. für Anwendungen bei Sattelpunktsätzen der konvexen Optimierung (siehe §3) und in der Approximationstheorie (siehe III §3) zu einschränkend wäre, und nicht notwendig eindeutig bestimmt. Gefordert wird lediglich, daß ein durch $r \in B$ "gestörter" Differenzenquotient $\frac{1}{t}\{f(x_o + th + r(t)) - f(x_o)\}$ für alle hinreichend kleinen $t > 0$ in C liegt, falls dies für das Bild $f'(x_o)(h)$ der Richtung h unter der Variation $f'(x_o)$ der Fall ist.

Mit Hilfe des Begriffs der B-Variation gelingt es einerseits, auf verhältnismäßig einfache Weise Teilmengen der Menge der Abstiegsrichtungen $B_a(f,x_o)$ und der Menge der zulässigen Richtungen $B_z(X_1,x_o)$ anzugeben (siehe Satz 1.6, 1.7), andererseits werden viele der inzwischen klassischen Differenzierbarkeitsbegriffe durch den Begriff der B-Variation verallgemeinert. Hierauf wird in § 4 ausführlich eingegangen. Ist z.B. Z ein linearer normierter Raum und $f'(x_o) : E \to Z$ eine GATEAUX-Variation von f in x_o (siehe Definition 1.10), so ist $f'(x_o)$ eine $\{\Theta\}$-Variation von f in x_o bezüglich jeder offenen Menge $C \subset Z$. Ist auch E ein linearer normierter Raum und $f'(x_o) : E \to Z$ ein FRÉCHET-Differential von f in x_o (siehe Definition 4.1), so ist $f'(x_o)$ eine lineare und stetige H(E)-Variation von f in x_o bezüglich jeder offenen Menge $C \subset Z$. In § 3 werden wir ferner zeigen, daß eine bezüglich eines eigentlichen Kegels $Y \subset Z$ konvexe Abbildung $f : E \to Z$ stets eine Y-konvexe $\{\Theta\}$-Variation in $x_o \in E$ bezüglich $-Y^o$ besitzt (Lemma 3.2).

Für die Anwendungen sind eigentlich nur die Fälle $B = \{\Theta\}$ (für konvexe Probleme) und $B = H(E)$ (für nichtkonvexe, differenzierbare Probleme) wichtig; wir lassen zunächst eine beliebige Teilmenge $B \subset R(E)$ zu, um die gleichartige Struktur der entsprechenden Aussagen deutlich zu machen.

1.6. Satz: Seien E, Z_o lineare Räume, $Y_o \subset Z_o$ ein eigentlicher Kegel. Sei $B \subset R(E)$, $x_o \in E$ und $f : E \to Z_o$ eine Abbildung, die in x_o eine B-Variation $f'(x_o)$ bezüglich $-\overset{\circ}{Y}_o$ besitzt. Dann ist

$\{h \in E : f'(x_o)(h) \in -\overset{\circ}{Y}_o\} \subset B_a(f,x_o)$.

Beweis: Sei $h \in E$ mit $f'(x_o)(h) \in -\overset{\circ}{Y}_o$. Nach Definition der B-Variation existiert zu jedem $r \in B$ ein $\tau > 0$ mit

$\frac{1}{t}\{f(x_o+th+r(t)) - f(x_o)\} \in -\overset{\circ}{Y}_o$ für alle $t \in (0,\tau]$. Für $t \in (0,\tau]$ ist dann aber $f(x_o+th+r(t)) - f(x_o) \in -t\overset{\circ}{Y}_o \subset -\overset{\circ}{Y}_o$, so daß $h \in B_a(f,x_o)$.

Entsprechend erhält man für Ungleichungsrestriktionen

1.7. Satz: Seien E, Z_1 lineare Räume, $B \subset R(E)$, $C_1 \subset Z_1$ konvex mit $\overset{\circ}{C}_1 \neq \emptyset$. Die Abbildung $g_1 : E \to Z_1$ besitze in $x_o \in X_1 := \{x \in E : g_1(x) \in C_1\}$ eine B-Variation $g_1'(x_o)$ bezüglich $\overset{\circ}{C}_1 - g_1(x_o)$. Dann ist

$$\{h \in E : g_1(x_o) + g_1'(x_o)(h) \in \overset{\circ}{C}_1\} \subset B_z(X_1,x_o).$$

Beweis: Sei $h \in E$ mit $g_1(x_o) + g_1'(x_o)(h) \in \overset{\circ}{C}_1$. Nach Definition der B-Variation existiert zu jedem $r \in B$ ein $\tau > 0$, o.B.d.A. ist $\tau \leq 1$, derart, daß $\frac{1}{t}\{g_1(x_o+th+r(t) - g_1(x_o)\} \in \overset{\circ}{C}_1 - g_1(x_o)$ für alle $t \in (0,\tau]$. Dann ist

$$g_1(x_o+th+r(t)) = t\,[\tfrac{1}{t}\{g_1(x_o+th+r(t)) - g_1(x_o)\} + g_1(x_o)] + (1-t)\,g_1(x_o) \in t\overset{\circ}{C}_1 + (1-t)\,C_1 \subset \overset{\circ}{C}_1 \subset C_1$$

für alle $t \in (0,\tau]$, so daß $h \in B_z(X_1,x_o)$.

1.8. Bemerkung : In folgendem Fall ist die Angabe einer Teilmenge von $B_z(X_o,x_o)$ besonders einfach:

Sei E normierter Raum, $B \subset H(E)$ und $X_o \subset E$ konvexe Teilmenge mit $\overset{\circ}{X}_o \neq \emptyset$ und $x_o \in X_o$. Dann ist $\overset{\circ}{X}_o - x_o \subset B_z(X_o,x_o)$.

Einfach ist die Angabe einer nichttrivialen Teilmenge von $B_t(X_2,x_o)$ nur, wenn die Gleichungsrestriktion X_2 durch eine affin lineare Abbildung gegeben ist:

Auf $E_{/L}$ definiere man $\|[x]\| := \inf_{y \in [x]} \|y\|$. Dann gilt:

i) $(E_{/L}, \| \ \|)$ ist ein linearer normierter Raum.

ii) Ist $(E, \| \ \|)$ ein Banachraum, so auch $(E_{/L}, \| \ \|)$.

iii) Sei $A \in L(E,Z)$, Z endlichdimensional und

$L_o := \{x \in E : Ax = \Theta\}$. Dann ist $(E_{/L_o}, \| \ \|)$ ein Banachraum.

<u>Beweis</u>: $E_{/L}$ ist natürlich in kanonischer Weise ein linearer Raum.

i) ⓐ Offenbar ist $\|[x]\| \geq 0$ für alle $[x] \in E_{/L}$. Ist $[x] = \Theta$, also $x \in L$, so ist $\|[x]\| = 0$. Ist umgekehrt $\|[x]\| = 0$, so existieren $y_n \in [x]$ mit $\|y_n\| \to 0$, also $y_n \to \Theta$ und $x - y_n \in L$. Da L abgeschlossen ist, folgt $x \in L$ und damit $[x] = \Theta$.

ⓑ $\|\alpha[x]\| = \|[\alpha x]\| = \inf_{y \in [\alpha x]} \|y\| = \inf_{u \in [x]} \|\alpha u\| = |\alpha| \inf_{u \in [x]} \|u\| = |\alpha| \, \|[x]\|$

ⓒ $\|[x_1] + [x_2]\| = \|[x_1 + x_2]\| = \inf_{y \in [x_1+x_2]} \|y\| = \inf_{\substack{u \in [x_1] \\ v \in [x_2]}} \|u + v\|$

$\leq \inf_{u \in [x_1]} \|u\| + \inf_{v \in [x_2]} \|v\| = \|[x_1]\| + \|[x_2]\|$.

Damit ist i) bewiesen.

ii) Zu zeigen ist die Vollständigkeit von $E_{/L}$. Sei $\{[x_n]\} \subset E_{/L}$ eine Cauchyfolge. Wir zeigen, daß eine konvergente Teilfolge $\{[x_{n_i}]\}$ existiert, hieraus folgt dann auch die Konvergenz der ganzen Folge $\{[x_n]\}$.

Man wähle die Teilfolge $\{[x_{n_i}]\} \subset \{[x_n]\}$ nun so, daß

$\|[x_{n_{i+1}}] - [x_{n_i}]\| < \frac{1}{2^i}$ $(i=1,2,\dots)$ und setze zur Abkürzung

$[y_i] = [x_{n_i}]$. Diese Wahl der Teilfolge ist möglich, da

$\{[x_n]\}$ eine Cauchyfolge ist (denn es existiert $n_i \in \mathbb{N}$ derart, daß $\|[x_n] - [x_m]\| < \frac{1}{2^i}$ für n, m $\geq n_i$, wobei $n_1 < n_2 < \ldots$ gewählt werde, $\{[x_{n_i}]\}$ ist eine Teilfolge mit der gewünschten Eigenschaft). Nach Definition der Norm in $E_{/L}$ kann man $w_i \in [y_{i+1}] - [y_i]$ wählen mit $\|w_i\| < \frac{1}{2^{i-1}}$. Folgendermaßen finde man nun eine Folge $\{y_i\}$ von Vertretern $y_i \in [y_i]$: Wähle $y_1 \in [y_1]$ beliebig. Sind $y_1, \ldots, y_i$ schon gewählt, so wähle man $y_{i+1} \in [y_{i+1}]$ mit $w_i = y_{i+1} - y_i$, also $y_{i+1} = w_i + y_i$. Für m < n ist dann

$$y_n - y_m = (y_n-y_{n-1}) + (y_{n-1}-y_{n-2}) + \ldots + (y_{m+1}-y_m)$$
$$= w_{n-1} + w_{n-2} + \ldots + w_m$$

und daher $\|y_n-y_m\| \leq \sum_{i=m}^{n-1} \|w_i\| < \sum_{i=m}^{n-1} \frac{1}{2^{i-1}} < \frac{1}{2^{m-2}}$.

Also ist $\{y_n\}$ eine Cauchyfolge in E und $y = \lim_{i \to \infty} y_i$ existiert. Sei [y] die zugehörige Restklasse. Dann ist

$$\|[y_i] - [y]\| = \inf_{\xi \in [y_i - y]} \|\xi\| \leq \|y_i-y\| \text{ , also gilt}$$

$$[y_i] = [x_{n_i}] \to [y].$$

iii) Definiert man $i : E_{/L_o} \to Z$ durch $i([x]) = Ax$ mit $x \in [x]$ beliebig, so stellt man fest, daß i wohldefiniert ist und ein algebraischer Isomorphismus von $E_{/L_o}$ auf A(Z) ist. Also ist auch $E_{/L_o}$ endlichdimensional. Endlichdimensionale lineare normierte Räume sind aber Banachräume.

Das einzige Hilfsmittel, dessen Beweis wir nicht bringen wollen (man findet ihn in fast jedem Buch über Funktionalanalysis, siehe z.B. [24]) ist der

Satz von BANACH (über die Stetigkeit des inversen Operators) : Seien E, Z Banachräume und $A \in L(E,Z)$ bijektiv. Dann ist $A^{-1} \in L(Z,E)$, also stetig.

Es folgt der Satz von LJUSTERNIK, der im wesentlichen dazu dient, die Menge der tangentialen Richtungen an eine Menge zu bestimmen, die durch nichtlineare Gleichungen gegeben ist. Vorher führen wir aber neben H(E) eine weitere Teilmenge von R(E) ein:

Bezeichnung: E sei ein linearer Raum. Dann sei

$$P(E) := \{r = \sum_{i=1}^{m} r_i\, x_i : m \in \mathbb{N},\ x_i \in E,\ r_i \in H(\mathbb{R})\ (i=1,\dots m)\}.$$

1.13. Satz (LJUSTERNIK): Sei E ein linearer normierter Raum und Z ein Banachraum. $g : E \to Z$ sei eine Abbildung und $x_o \in X := \{x \in E : g(x) = \Theta\}$. g sei in einer Umgebung von x_o stetig und in x_o stetig GATEAUX-differenzierbar, das GATEAUX-Differential $g'(x_o)$ sei surjektiv. Sei $h \in E$ und $g'(x_o)h = \Theta$. Dann gilt:

(1) Ist E ein Banachraum, so existiert ein $r \in H(E)$ und ein $\tau \in (0,1]$ mit $g(x_o+th+r(t)) = \Theta$ für alle $t \in (0,\tau]$. Speziell: $\{h \in E : g'(x_o)h = \Theta\} \subset B_t(X, x_o)$ für $B = H(E)$.

(2) Ist Z endlichdimensional, so existiert ein $r \in P(E)$ und $\tau \in (0,1]$ mit $g(x_o+th+r(t)) = \Theta$ für alle $t \in (0,\tau]$. Speziell: $\{h \in E : g'(x_o)h = \Theta\} \subset B_t(X, x_o)$ für $B = P(E)$.

Beweis: $L_o := \{w \in E : g'(x_o)w = \Theta\}$ ist wegen $g'(x_o) \in L(E,Z)$ ein abgeschlossener linearer Teilraum von E, also der Quotientenraum E/L_o aller Restklassen L von E nach L_o mit der Norm

$$\|L\| = \inf_{w \in L} \|w\|$$ nach Lemma 1.12.i) ein normierter Raum. Ferner

ist E/L_o ein Banachraum, denn im Fall (1) (E Banachraum) folgt dies aus Lemma 1.12.ii), im Fall (2) (Z endlichdimensional) aus

Lemma 1.12.iii).

Nun definiere man den Operator $A : E_{/L_o} \to Z$ durch $A(L) = g'(x_o)w$ mit $w \in L$. Dann gilt:

i) A ist wohldefiniert, d.h. von der Wahl des Vertreters w von L unabhängig. Denn ist auch $v \in L$, so ist $v - w \in L_o$ und daher $g'(x_o)v = g'(x_o)w$

ii) $A \in L(E_{/L_o}, Z)$. Zu zeigen ist nur die Stetigkeit:

$\|A(L)\| \leq \|g'(x_o)\| \cdot \|w\|$ für jedes $w \in L$, also auch

$\|A(L)\| \leq \|g'(x_o)\| \cdot \|L\|$.

iii) A ist bijektiv: Ist $A(L) = \Theta$ und $w \in L$, so ist $w \in L_o$, also $L = \Theta_{E_{/L_o}}$, d.h. A ist injektiv. Da $g'(x_o)$ surjektiv, ist auch A surjektiv.

Aus dem Satz von BANACH folgt $A^{-1} \in L(Z, E_{/L_o})$. Nun geben wir die Idee für den Rest des Beweises an. Zu zeigen ist ja, daß ein $\tau > 0$ und ein $r \in H(E)$ bzw. $r \in P(E)$ existiert derart, daß $g(x_o+th+r(t)) = \Theta$ für $t \in (0,\tau]$, wobei $h \in L_o$ vorgegeben ist. Würde man versuchen, das vereinfachte NEWTON-Verfahren direkt auf diese Nullstellenaufgabe anzuwenden, so würde man folgendes Verfahren erhalten:

$$r_n(t) = r_{n-1}(t) - g'(x_o)^{-1}\, g(x_o+th+r_{n-1}(t))$$

Da aber $g'(x_o)^{-1}$ nicht existieren muß, iteriere man gemäß

$$L_n(t) = L_{n-1}(t) - A^{-1}\, g(x_o+th+r_{n-1}(t))$$

mit $L_n(t) \in E_{/L_o}$, $r_o(t) = \Theta$, $L_o(t) = L_o = \Theta \in E_{/L_o}$ und $r_n(t) \in L_n(t)$. Wir werden zeigen, daß ein $\tau > 0$ gibt derart, daß man für jedes $t \in (0,\tau]$ das Element $r_n(t)$ so aus $L_n(t)$ auswählen kann, daß $\{L_n(t)\}$ und $\{r_n(t)\}$ konvergent sind: $L_n(t) \to L(t)$, $r_n(t) \to r(t)$. Dann erhält man aus der Stetigkeit von g:

$$A^{-1}g(x_o+th+r(t)) = \Theta_{E/L_o} \quad \text{bzw.}$$

$$g(x_o+th+r(t)) = \Theta$$

Man hat dann lediglich noch zu zeigen, daß $r \in H(E)$ bzw. $r \in P(E)$.

Wir haben zwei Fälle zu unterscheiden:

(1) E Banachraum

(2) E linearer normierter Raum, Z endlichdimensionaler linearer normierter Raum. Sei etwa $\{v_1,\ldots,v_m\}$ eine Basis von Z, also $Z = \text{span}\,\{v_1,\ldots,v_m\}$. Dann ist $E_{/L_o} = \text{span}\,\{A^{-1}v_1,\ldots, A^{-1}v_m\}$. Für $i=1,\ldots,m$ wähle man $e_i \in A^{-1}v_i$, so daß $v_i = A[e_i] = g'(x_o)e_i$, und setze $\hat{E} := \text{span}\,\{e_1,\ldots,e_m\}$. Wegen der linearen Unabhängigkeit der v_i sind auch $\{e_1,\ldots,e_m\}$ linear unabhängig, $E_{/L_o}$ und $\hat{E} \subset E$ sind mittels der Abbildung $I : E_{/L_o} \to \hat{E}$ definiert durch $I(\sum_{i=1}^{m} \alpha_i A^{-1}v_i) = \sum_{i=1}^{m} \alpha_i e_i$ isomorph.

Nun sei

$$\tilde{E} := \begin{cases} E & \text{im Fall (1)} \\ \hat{E} & \text{im Fall (2)} \end{cases}$$

$\tilde{E}$ wird zu einem linearen normierten Raum, indem man definiert

$$\|x\|_{\tilde{E}} := \begin{cases} \|x\| & \text{im Fall (1)} \\ 2\cdot\|[x]\| & \text{im Fall (2).} \end{cases}$$

Dann ist $(\tilde{E},\|\ \|_{\tilde{E}})$ ein Banachraum, da im Fall (1) $(E,\|\ \|)$ ein Banachraum ist und im Fall (2) $\tilde{E}$ endlichdimensional ist.

Ferner existiert eine Konstante $c > 0$ derart, daß

$$\|x\| \le c\cdot\|x\|_{\tilde{E}} \quad \text{für alle } x \in \tilde{E}.$$

Denn im Fall (1) kann $c = 1$ gewählt werden, im Fall (2) folgt die Existenz einer solchen Konstanten aus der Äquivalenz der Normen in endlichdimensionalen Räumen.

Sei $\varepsilon := \frac{1}{4c\,\|A^{-1}\|}$. Da g in x_o stetig GATEAUX-differenzierbar ist, gibt es ein $\hat{\delta} = \hat{\delta}(\varepsilon) > 0$ derart, daß gilt:

1. g ist auf $K[x_o;\hat{\delta}] := \{w \in E : \|w - x_o\| \leq \hat{\delta}\}$ GATEAUX-differenzierbar.
2. $\|g'(w) - g'(x_o)\| \leq \varepsilon$ für alle $w \in K[x_o;\hat{\delta}]$.

Nun geben wir an, wie $\tau > 0$ zu bestimmen ist. Hierzu bemerken wir, daß o.B.d.A. $h \neq \Theta$ angenommen werden kann, da andernfalls $r(t) \equiv \Theta$ gewählt werden kann.

Man wähle $\tau > 0$ nun so klein, daß

1. $\frac{1}{t\,\|h\|} \cdot \|g(x_o+th)\| \leq \varepsilon$ für alle $t \in (0,\tau]$.

   Dies ist möglich, denn

$$\lim_{t \to 0+} \frac{1}{t\,\|h\|} \|g(x_o+th)\| = \frac{1}{\|h\|} \cdot \lim_{t \to 0+} \frac{1}{t} \|g(x_o+th) - g(x_o)\|$$

$$= \frac{1}{\|h\|} \|g'(x_o)h\| = 0$$

2. $\tau \leq \frac{\hat{\delta}}{2\,\|h\|}$

Nun sei $t \in (0,\tau]$ fest vorgegeben. Wir geben nun die Konstruktion der Folgen $\{r_n(t)\}$, $\{L_n(t)\}$ an, lassen zur Abkürzung aber das Argument t fort, schreiben also r_n statt $r_n(t)$, L_n statt $L_n(t)$.

Sei $L_o = \Theta \in E_{/L_o}$ und $r_o := \Theta \in L_o \cap \tilde{E}$, so daß im Fall (2) $r_o = I(L_o)$. Angenommen, $L_{n-1} \in E_{/L_o}$ und $r_{n-1} \in L_{n-1} \cap \tilde{E}$ seien schon definiert, wobei im Fall (2) r_{n-1} gegeben sei durch $r_{n-1} = I(L_{n-1})$. Man setze dann

$$L_n := L_{n-1} - A^{-1}\, g(x_o+th+r_{n-1})$$

und wähle $r_n \in L_n \cap \tilde{E}$, bzw. setze $r_n = I(L_n)$ im Fall (2), derart, daß $\|r_n - r_{n-1}\|_{\tilde{E}} \leq 2 \cdot \| L_n - L_{n-1} \|$. Dies ist möglich, da:

Fall (1) : $\|L_n - L_{n-1}\| = \inf\limits_{r \in L_n} \|r - r_{n-1}\| = \inf\limits_{r \in L_n} \|r - r_{n-1}\|_{\tilde{E}}$

Fall (2) : Mit $r_n = I(L_n)$ gilt

$$\|r_n - r_{n-1}\|_{\tilde{E}} = \|I(L_n - L_{n-1})\|_{\tilde{E}} = 2 \cdot \|L_n - L_{n-1}\|$$

Nun werden wir zeigen: Für $t \in (0,\tau]$ gilt:

1. $\|r_1\|_{\tilde{E}} \leq \frac{1}{4c}\hat{\delta}$

2. Ist $\|r_{n-2}\|_{\tilde{E}}, \|r_{n-1}\|_{\tilde{E}} \leq \frac{\hat{\delta}}{2c}$, so folgt

   i) $\|r_n - r_{n-1}\|_{\tilde{E}} \leq \frac{1}{2} \cdot \|r_{n-1} - r_{n-2}\|_{\tilde{E}}$

   ii) $\|L_n - L_{n-1}\| \leq \frac{1}{2} \|L_{n-1} - L_{n-2}\|$

   iii) $\|r_n\|_{\tilde{E}} \leq 2 \cdot \|r_1\|_{\tilde{E}} \leq \frac{\hat{\delta}}{2c}$

   (Da $\|r_o\|_{\tilde{E}}, \|r_1\|_{\tilde{E}} \leq \frac{\hat{\delta}}{2c}$, gelten i), ii), iii) dann für alle n).

3. $\{r_n\}$ ist Cauchyfolge in $(\tilde{E}, \| \|_{\tilde{E}})$, $\{L_n\}$ Cauchyfolge in $(E/L_o, \| \|)$.

Denn:

1. $\|r_1\|_{\tilde{E}} = \|r_1 - r_o\|_{\tilde{E}} \leq 2 \cdot \|L_1 - L_o\|$

$$\leq 2 \cdot \|A^{-1}\| \cdot \|g(x_o+th)\| \leq 2 \|A^{-1}\| \cdot \varepsilon \cdot t \cdot \|h\|$$

$$= \frac{1}{2c} \cdot t \cdot \|h\| \leq \frac{1}{2c}\tau \cdot \|h\| \leq \frac{\hat{\delta}}{4c}$$

2. Da $r_{n-1} \in L_{n-1}$ ist $AL_{n-1} = A[r_{n-1}] = g'(x_o)r_{n-1}$,

   also $L_{n-1} = A^{-1}g'(x_o)r_{n-1}$, so daß man

   $L_n = A^{-1}(g'(x_o)r_{n-1} - g(x_o+th+r_{n-1}))$ und entsprechend

   $L_{n-1} = A^{-1}(g'(x_o)r_{n-2} - g(x_o+th+r_{n-2}))$ erhält.

   Damit ist

$$L_n - L_{n-1} = -A^{-1}(g(x_o+th+r_{n-1}) - g(x_o+th+r_{n-2}) - g'(x_o)(r_{n-1}-r_{n-2})).$$

g ist nach Wahl von $\hat{\delta}$ auf $K[x_o;\hat{\delta}]$ GATEAUX-differenzierbar.

Nun $\|r_{n-1}\| \leq c \cdot \|r_{n-1}\|_{\tilde{E}} \leq \frac{\hat{\delta}}{2}$, ebenso $\|r_{n-2}\| \leq \frac{\hat{\delta}}{2}$. Ferner ist

$$\|(x_o+th+r_{n-1}) - x_o\| = \|th + r_{n-1}\|$$

$$\leq t\|h\| + \|r_{n-1}\| \leq \frac{\hat{\delta}}{2} + \frac{\hat{\delta}}{2} = \hat{\delta},$$

also $x_o + th + r_{n-1} \in K[x_o;\hat{\delta}]$, ebenso $x_o + th + r_{n-2} \in K[x_o;\hat{\delta}]$.

Folglich ist g und damit auch der Operator $T : E \to Z$, definiert durch $T(w) = -A^{-1}(g(w)-g'(x_o)w)$ auf der Verbindungsstrecke $[x_o + th + r_{n-2}, x_o + th + r_{n-1}] \subset K[x_o;\hat{\delta}]$ GATEAUX-differenzierbar. Anwendung des verallgemeinerten Mittelwertsatzes Lemma 1.11. liefert:

$$\|L_n - L_{n-1}\| = \|T(x_o+th+r_{n-1}) - T(x_o+th+r_{n-2})\|$$

$$\leq \|r_{n-1} - r_{n-2}\| \cdot \sup_{\alpha\in(0,1)} \|A^{-1}(g'(x_o+th+\alpha(r_{n-1}-r_{n-2})) - g'(x_o))\|$$

$$\leq \|A^{-1}\| \cdot \sup_{\alpha\in(0,1)} \|g'(x_o+th+\alpha(r_{n-1}-r_{n-2})) - g'(x_o)\| \cdot \|r_{n-1} - r_{n-2}\|$$

$$\leq \|A^{-1}\| \cdot \varepsilon \cdot \|r_{n-1} - r_{n-2}\| \quad \text{nach der Wahl von } \hat{\delta}$$

$$= \frac{1}{4c}\|r_{n-1} - r_{n-2}\| \leq \frac{1}{4}\cdot\|r_{n-1} - r_{n-2}\|_{\tilde{E}}.$$

Damit erhält man:

i) $\|r_n - r_{n-1}\|_{\tilde{E}} \leq 2\|L_n - L_{n-1}\| \leq \frac{1}{2}\|r_{n-1} - r_{n-2}\|_{\tilde{E}}$

ii) $\|L_n - L_{n-1}\| \leq \frac{1}{4}\|r_{n-1} - r_{n-2}\|_{\tilde{E}} \leq \frac{1}{2}\|L_{n-1} - L_{n-2}\|$

iii) $\|r_n\|_{\tilde{E}} = \|r_1 + (r_2-r_1) + \ldots + (r_n-r_{n-1})\|_{\tilde{E}}$

$$\leq (1+\frac{1}{2}+\ldots+\frac{1}{2^{n-1}})\cdot\|r_1\|_{\tilde{E}} \leq 2\cdot\|r_1\|_{\tilde{E}} \leq \frac{\hat{\delta}}{2c}$$

3. $\{r_n\}$ und $\{L_n\}$ sind wegen 2. Cauchyfolgen in $\tilde{E}$ bzw. $E_{/L_o}$

Denn z.B. ist für $m > n$

$$\|r_m - r_n\|_{\tilde{E}} = \|(r_m - r_{m-1}) + (r_{m-1} - r_{m-2}) + \dots + (r_{n+1} - r_n)\|_{\tilde{E}}$$

$$\leq 2 \cdot \|r_{n+1} - r_n\|_{\tilde{E}} \leq \frac{1}{2^{n-1}} \|r_1\|_{\tilde{E}} .$$

Da $(\tilde{E}, \| \|_{\tilde{E}})$ und $(E_{/L_o}, \| \|)$ Banachräume sind, sind $\{r_n\}$ und $\{L_n\}$ in $\tilde{E}$ bzw. $E_{/L_o}$ konvergent:

$r_n \to r = r(t)$ (bezüglich $\| \|_{\tilde{E}}$ und $\| \|$, diese beiden Normen sind ja in beiden Fällen äquivalent)

$L_n \to L = L(t)$.

Hieraus folgt aber sofort, wie in der Motivierung für den Beweis angegeben war, daß $g(x_o+th+r(t)) = \Theta$. Zu zeigen bleibt, daß $r \in H(E)$ (Fall(1)) bzw. $r \in P(E)$ (Fall(2)).

Aus $\|r_n\|_{\tilde{E}} \leq 2 \|r_1\|_{\tilde{E}} \leq 4 \|A^{-1}\| \cdot \|g(x_o+th) - g(x_o)\|$ folgt

$$\|r(t)\|_{\tilde{E}} \leq 4 \cdot \|A^{-1}\| \cdot \|g(x_o+th) - g(x_o)\| \text{ bzw.}$$

$$\|r(t)\| \leq 4c \|A^{-1}\| \cdot \|g(x_o+th) - g(x_o)\| .$$

Wegen $\lim\limits_{t \to 0} \frac{1}{t} \cdot \|g(x_o+th) - g(x_o)\| = \|g'(x_o)h\| = 0$ folgt dann $\lim\limits_{t \to 0+} \frac{r(t)}{t} = \Theta$, so daß jedenfalls $r \in H(E)$ und wir im Fall (1) fertig sind.

Fall (2) : Es ist $r(t) \in \tilde{E} = \hat{E}$, also

$$r(t) = \sum_{i=1}^{m} r_i(t)e_i \quad \text{mit } e_i \in E \text{ und } r_i : (0,\tau] \to \mathbb{R}.$$

Ferner gilt, wie wir eben gesehen haben,

$$\frac{r(t)}{t} = \sum_{i=1}^{m} \frac{r_i(t)}{t} e_i \to \Theta ,$$ woraus aber wegen der linearen Unabhängigkeit der e_i folgt, daß $r_i \in H(\mathbb{R})$ und damit schließlich, daß $r \in P(E)$. Damit ist der Satz von LJUSTERNIK bewiesen.

Bemerkung: Wir haben bei dem Beweis zu Satz 1.13 die Idee aus LJUSTERNIK-SOBOLEV [38] übernommen, beweisen aber im Gegensatz zu diesen Autoren sowie LUENBERGER [39], LEMPIO [34] die Fälle (1) und (2) gemeinsam. Den Fall (2) findet man z.B. auch bei LUENBERGER [39], wobei allerdings auf den Satz über implizite Funktionen zurückgegriffen wird. Ferner werden in den angesprochenen Arbeiten zum Teil stärkere Differenzierbarkeitsforderungen an die Abbildung g erhoben.

§2 Ein Alternativsatz und Maximumprinzipien

Wir beweisen in diesem Paragraphen zunächst ein Lemma, welches eine Verallgemeinerung eines Satzes von BAZARAA [1] darstellt und wenden dieses dann zum Beweis eines Alternativsatzes an, der etwa aussagt: Hat ein System von konvexen Ungleichungen und affin linearen Gleichungen in einer konvexen Menge keine Lösung, so hat ein Ungleichungssystem im Dualraum eine nichttriviale Lösung. Unter einer gewissen "constraint qualification" kann gezeigt werden, daß nicht beide Systeme gleichzeitig nichttriviale Lösungen haben können. Dieser Alternativsatz wird dann zum Beweis von Maximumprinzipien angewandt. Das erste ist rein algebraischer Art und gibt notwendige Optimalitätsbedingungen für Optimierungsprobleme mit Ungleichungs- und affin linearen Gleichungsbedingungen an, beim zweiten Maximumprinzip werden auch nichtlineare Gleichungsrestriktionen erfasst. Danach geben wir für beide Probleme eine allgemeine "constraint qualification" an und gehen dann auf Varianten des Maximumprinzips ein.

<u>2.1 Lemma:</u> E, Z seien lineare Räume, $H \subset E$ sei konvex, $Y \subset Z$ sei ein konvexer Kegel, $C \subset Z$ sei konvex mit $\Theta \in \overset{\vdash\!\dashv}{C}$ und $C + Y \subset C$. $T : E \to Z$ sei eine Y-konvexe Abbildung und es sei $(T(H)+C)^{i} \neq \emptyset$ (dies ist z.B. erfüllt, wenn $C^{o} \neq \emptyset$ oder, da $T(H) + C$ konvex, wenn Z endlichdimensional). Sei

$$A := \{h \in H : T(h) \in -C\} \quad \text{und}$$

$$B := \{l \in Y^{+} : l \circ T(h) \geq 0 \text{ für alle } h \in \overset{\vdash\!\dashv}{H}\}.$$

Dann gilt:

ⓐ $A = \emptyset \Rightarrow B \neq \{\Theta\}$

ⓑ $A = \emptyset$, $\Theta \in \overset{\vdash\!\dashv}{H}$, $T(\Theta) = \Theta \Rightarrow B \cap C^{+} \neq \{\Theta\}$

ⓒ $A \neq \emptyset$, Y eigentlicher Kegel und $C = Y^{o} \Rightarrow B = \{\Theta\}$

Beweis: ⓐ ⓑ Sei $P := T(H) + C$.

i) P ist konvex: Denn sind $T(h_i) + z_i \in P$ $(i=1,2)$, $\lambda \in [0,1]$, so ist

$$(1-\lambda)(T(h_1)+z_1) + \lambda(T(h_2)+z_2) = (1-\lambda)\,T(h_1) + \lambda T(h_2) + (1-\lambda)\,z_1 + \lambda z_2$$

$$= T((1-\lambda)h_1 + \lambda h_2) + \{(1-\lambda)\,T(h_1) + \lambda T(h_2) - T((1-\lambda)h_1 + \lambda h_2)\} + (1-\lambda)z_1 + \lambda z_2$$

$\in T(H) + Y + C \subset T(H) + C = P$ wegen der Y-Konvexität von T und $Y + C \subset C$.

ii) $\Theta \notin P$ wegen $A = \emptyset$

iii) Da $P^i \notin \emptyset$ existiert nach Satz I 1.14 ein $l \in Z'$, $l \neq \Theta$ mit $l(T(h)+c) \geq 0$ für alle $h \in H$ und alle $c \in C$. Wegen $C + Y \subset C$ gilt auch $l(T(h)+c+y) \geq 0$ für alle $h \in H$, $c \in C$, $y \in Y$. Da also l auf Y nach unten beschränkt ist, folgt aus Lemma I 1.10 i), daß $l \in Y^+$ und aus Lemma I 1.9 i), daß $l \circ T(h) \geq -l(c) - l(y)$ für alle $c \in \overleftrightarrow{C}$, $y \in \overleftrightarrow{Y}$, $h \in H$. Für $c = \Theta$, $y = \Theta$ folgt $l \circ T(h) \geq 0$ für alle $h \in H$. Da T Y-konvex und $l \in Y^+$ ist $l \circ T$ konvex, wiederum aus Lemma I 1.9 i) folgt $l \circ T(h) \geq 0$ für alle $h \in \overleftrightarrow{H}$, also $l \in B$.

Aus $l \circ T(h) \geq -l(c)$ für alle $h \in \overleftrightarrow{H}$, $c \in C$ folgt sofort ⓑ.

ⓒ Gibt es ein $h \in H$ mit $T(h) \in -Y^0$ und ist $l \in Y^+$, $l \neq \Theta$, so ist $l \circ T(h) < 0$ (Lemma I 1.10 ii)), also $B = \{\Theta\}$.

Bemerkungen: 1. Bei der Anwendung des Lemmas treten vor allem die Fälle $C = Y$ und $C = Y^0$ (wenn Y ein eigentlicher Kegel ist) auf. Die Voraussetzungen $\Theta \in \overleftrightarrow{C}$ und $C + Y \subset C$ sind dann jeweils erfüllt (siehe Lemma I 1.2). Ein anderer wichtiger Fall liegt vor, wenn $Y = \{\Theta\}$, T also affin linear ist.

2. Lemma 2.1 ist eine Verallgemeinerung des bekannten Satzes von GORDAN (vergleiche MANGASARIAN [41, S.31]). Dieser sagt aus:

Ist A eine reelle m x n - Matrix, so gilt die folgende Alternative:
Entweder

I $\quad Ax > \Theta$ hat eine Lösung $x \in \mathbb{R}^n$

oder

II $\quad A^T y = \Theta$, $y \geq \Theta$ hat eine Lösung $y \in \mathbb{R}^m$ mit $y \neq \Theta$.

(wobei > und ≥ komponentenweise zu verstehen sind).

Dieses Ergebnis erhält man aus Lemma 2.1, indem man
$E = H = \mathbb{R}^n$, $Z = \mathbb{R}^m$, $Y = \{y \in \mathbb{R}^m : y \geq \Theta\}$,
$C = \{y \in \mathbb{R}^m : y > \Theta\}$ und $T(h) = -Ah$ setzt.

Der folgende Alternativsatz entspricht dem verallgemeinerten GORDAN'schen Satz (siehe MANGASARIAN [41, S. 65]).

<u>2.2 Satz</u> (Alternativsatz) : E, Z_1, Z_2 seien lineare Räume, $H \subset E$ eine konvexe, nichtleere Menge. $Y_1 \subset Z_1$ sei ein eigentlicher Kegel, $T_1 : E \to Z_1$ sei Y_1-konvex und $T_2 : E \to Z_2$ affin linear. Es sei $T_2(H)^i \neq \emptyset$ (dies ist erfüllt, wenn $\dim Z_2 < \infty$ oder $H^i \neq \emptyset$). Sei

$$A := \{h \in H : T_1(h) \in -Y_1^o,\ T_2(h) = \Theta\} \text{ und}$$

$$B := \{(l_1, l_2) \in Y_1^+ \times Z_2' : l_1 \circ T_1(h) + l_2 \circ T_2(h) \geq 0 \text{ für alle } h \in \overset{\leftrightarrow}{H}\}.$$

Dann gilt: ① Ist $A = \emptyset$, so ist $B \neq \{\Theta_{Z_1' \times Z_2'}\}$

② Ist $A \neq \emptyset$ und $\Theta \in (T_2(\overset{\leftrightarrow}{H}))^o$, so ist $B = \{\Theta_{Z_1' \times Z_2'}\}$

<u>Beweis:</u> ① Sei $Z := Z_1 \times Z_2$, $Y := Y_1 \times \{\Theta_{Z_2}\}$, $C := Y_1^o \times \{\Theta_{Z_2}\}$.
$T : E \to Z$ sei durch $T(h) = (T_1(h), T_2(h))$ definiert.
T ist Y-konvex und die Voraussetzungen von Lemma 2.1 sind erfüllt, wenn wir nachweisen können, daß $(T(H)+C)^i \neq \emptyset$.
Offenbar ist $\operatorname{aff}(T(H)+C) \subset Z_1 \times \operatorname{aff} T_2(H)$. Wegen $T_2(H)^i \neq \emptyset$ existiert ein Element $h \in H$ mit $T_2(h) \in T_2(H)^i$. Sei $y_1 \in Y_1^o$ beliebig, wir wollen zeigen, daß $(T_1(h) + y_1, T_2(h)) \in (T(H)+C)^i$. Sei hierzu $(z_1, z_2) \in Z_1 \times \operatorname{aff} T_2(H)$ beliebig vorgegeben. Wegen $T_2(h) \in T_2(H)^i$ existiert ein $\hat{t} \in (0,1]$ derart, daß

$T_2(h) + \hat{t}(z_2 - T_2(h)) = T_2(h_{\hat{t}}) \in T_2(H)$ mit $h_{\hat{t}} \in H$.

Nun definiere man $h_t := (1 - \frac{t}{\hat{t}})h + \frac{t}{\hat{t}}h_{\hat{t}}$ und erhält für $t \in (0,\hat{t}]$

i) $h_t \in H$, da H konvex.

ii) $T_2(h_t) = (1 - \frac{t}{\hat{t}})\, T_2(h) + \frac{t}{\hat{t}}\, T_2(h_{\hat{t}}) = T_2(h) + t(z_2 - T_2(h))$.

Man wähle nun $\tilde{t} \in (0,\hat{t}]$ so klein, daß

$$r_t := y_1 + t\,[z_1 - y_1 - \frac{1}{\hat{t}}\, T_1(h_{\hat{t}}) - (1 - \frac{1}{\hat{t}})\, T_1(h)] \in Y_1^o \text{ für } t \in (0,\tilde{t}],$$

was wegen $y_1 \in Y_1^o$ möglich ist. Für $t \in (0,\tilde{t}]$ ist dann

$$(T_1(h) + y_1, T_2(h)) + t((z_1,z_2) - (T_1(h) + y_1, T_2(h))) =$$

$$(T_1(h_t) + (1 - \frac{t}{\hat{t}})\, T_1(h) + \frac{t}{\hat{t}}\, T_1(h_{\hat{t}}) - T_1(h_t) + r_t,\ T_2(h_t)) \in T(H) + C,$$

womit $(T(H)+C)^i \neq \emptyset$ bewiesen ist und Lemma 2.1 liefert die Behauptung.

② Sei $h_o \in A$ und $(l_1,l_2) \in B$. Aus $T_1(h_o) \in -Y_1^o$ und $l_1 \in Y_1^+$ folgt aus Lemma I 1.10 ii) daß $l_1 = \Theta$. Also ist $l_2 \circ T_2(h) \geq 0$ für alle $h \in \overleftrightarrow{H}$ bzw. $l_2 \in T_2(\overleftrightarrow{H})^+$. Aus $\Theta \in (T_2(\overleftrightarrow{H}))^o$ und Lemma I 1.10 ii) folgt $l_2 = \Theta$, womit auch ② bewiesen ist.

Diesen Alternativsatz wollen wir nun auf das Optimierungsproblem, f(x) unter den Nebenbedingungen $x \in X_o$ (explizite Restriktion), $g_1(x) \in -Y_1$ (Ungleichungsrestriktion), $g_2(x) = \Theta$ (Gleichungsrestriktion) zu minimieren. Wir betrachten zunächst den Fall affin linearer Gleichungsnebenbedingungen, da man hier mit verhältnismäßig schwachen Glattheitsvoraussetzungen an f, g_1 auskommt.

<u>2.3 Satz</u> (1. Maximumprinzip) : E, Z_o, Z_1, Z_2 seien lineare Räume, $Y_o \subset Z_o$ und $Y_1 \subset Z_1$ eigentliche Kegel. $X_o \subset E$ sei Teilmenge,

$g_1 : E \to Z_1$ eine Abbildung und $X_1 := \{x \in E : g_1(x) \in -Y_1\}$.

$g_2 : E \to Z_2$ sei affin linear und $X_2 := \{x \in E : g_2(x) = \Theta\}$.

Sei $x_o \in M := X_o \cap X_1 \cap X_2$ ein B-Minimum der Abbildung $f : E \to Z_o$, wobei $\{\Theta\} \subset B \subset R(E)$. $H \subset B_z(X_o, x_o)$ sei konvex, f besitze in x_o eine Y_o-konvexe B-Variation $f'(x_o)$ bezüglich $-Y_o^o$, g_1 besitze in x_o eine Y_1-konvexe B-Variation $g_1'(x_o)$ bezüglich $-Y_1^o - g_1(x_o)$, g_2 werde geschrieben in der Form $g_2(x) = g_2'(x_o)\,x + z_2$ mit linearem $g_2'(x_o) : E \to Z_2$ und $z_2 \in Z_2$.

Ist dann ⓐ $\dim Z_2 < \infty$ oder

ⓑ $H^i \neq \emptyset$,

so existiert $(l_o, l_1, l_2) \in Z_o' \times Z_1' \times Z_2'$, $(l_o, l_1, l_2) \neq \Theta$ mit

i) $(l_o, l_1) \in Y_o^+ \times Y_1^+$

ii) $l_1 \circ g_1(x_o) \leq 0$

iii) $l_o \circ f'(x_o)(h) + l_1(g_1(x_o) + g_1'(x_o)(h)) + l_2 \circ g_2'(x_o)(h) \geq 0$

für alle $h \in \overleftrightarrow{H}$.

Ist $\Theta \in \overleftrightarrow{H}$, $f'(x_o)(\Theta) = \Theta$, $g_1'(x_o)(\Theta) = \Theta$, so ist $l_1 \circ g_1(x_o) = 0$, so daß iii) äquivalent ist mit

iv) $l_o \circ f'(x_o)(h) + l_1 \circ g_1'(x_o)(h) + l_2 \circ g_2'(x_o)(h) \geq 0$ für alle $h \in \overleftrightarrow{H}$.

<u>Beweis:</u> Aus Satz 1.6 folgt $\{h \in E : f'(x_o)(h) \in -Y_o^o\} \subset B_a(f, x_o)$

aus Satz 1.7 folgt $\{h \in E : g_1(x_o) + g_1'(x_o)(h) \in -Y_1^o\} \subset B_z(X_1, x_o)$,

aus Satz 1.8 folgt $\{h \in E : g_2'(x_o)h = \Theta\} \subset B_t(X_2, x_o)$;

ferner ist $H \subset B_z(X_o, x_o)$.

Nun definiere man $\tilde{Z}_1 := Z_o \times Z_1$, $\tilde{Y}_1 := Y_o \times Y_1$. Dann ist $\tilde{Y}_1$ ein eigentlicher Kegel in $\tilde{Z}_1$ und $T_1 : E \to \tilde{Z}_1$ definiert durch $T_1(h) = (f'(x_o)(h), g_1(x_o) + g_1'(x_o)(h))$ ist $\tilde{Y}_1$-konvex. Sei $\tilde{Z}_2 := Z_2$ und $T_2 : E \to \tilde{Z}_2$ sei definiert durch $T_2 := g_2'(x_o)$. Wegen der vorausgesetzten Optimalität von x_o ist nach Lemma 1.4

$\tilde{X} := \{h \in H : T_1(h) \in -\tilde{Y}_1^o, T_2(h) = \Theta\} = \emptyset$. Aus Satz 2.2 folgt die

Existenz von $(\tilde{l}_1, l_2) \in \tilde{Y}_1^+ \times \tilde{Z}_2'$, $(\tilde{l}_1, l_2) \neq \Theta$ mit
$\tilde{l}_1 \circ T_1(h) + l_2 \circ T_2(h) \geq 0$ für alle $h \in \overset{\leftrightarrow}{H}$. Nun ist $\tilde{l}_1 = (l_o, l_1)$ mit
$(l_o, l_1) \in Y_o^+ \times Y_1^+$ und man erhält also

i) $(l_o, l_1) \in Y_o^+ \times Y_1^+$

ii) $g_1(x_o) \in -Y_1$, $l_1 \in Y_1^+$ impliziert $l_1 \circ g_1(x_o) \leq 0$

iii) $l_o \circ f'(x_o)(h) + l_1(g_1(x_o) + g_1'(x_o)(h)) + l_2 \circ g_2'(x_o)h \geq 0$
für alle $h \in \overset{\leftrightarrow}{H}$.

Gilt $\Theta \in \overset{\leftrightarrow}{H}$, $g_1'(x_o)(\Theta) = \Theta$ und $f'(x_o)(\Theta) = \Theta$, so erhält man aus
iii) $l_1 \circ g_1(x_o) \geq 0$, zusammen mit ii) also $l_1 \circ g_1(x_o) = 0$.

Beim folgenden Satz werden auch nichtlineare Gleichungsrestriktionen erfasst. Dafür müssen allerdings der Ausgangsraum E und der Gleichungsrestriktionenraum Z_2 als normiert vorausgesetzt werden.

<u>2.4 Satz</u> (2. Maximumprinzip): E, Z_o, Z_1, Z_2 seien lineare Räume, E und Z_2 seien normiert, $Y_o \subset Z_o$ und $Y_1 \subset Z_1$ seien eigentliche Kegel. $X_o \subset E$ sei Teilmenge, $g_1 : E \to Z_1$ eine Abbildung und
$X_1 := \{x \in E : g_1(x) \in -Y_1\}$, $g_2 : E \to Z_2$ eine Abbildung und
$X_2 := \{x \in E : g_2(x) = \Theta\}$. Es sei

ⓐ $\dim Z_2 < \infty$, $B = P(E)$ oder

ⓑ E und Z_2 Banachräume, $B = H(E)$.

Die Abbildung $f : E \to Z_o$ besitze in $x_o \in M := X_o \cap X_1 \cap X_2$ ein B-Minimum. $H \subset B_z(X_o, x_o)$ sei konvex, im Falle ⓑ sei $H^i \neq \emptyset$. f besitze in x_o eine Y_o-konvexe B-Variation $f'(x_o)$ bezüglich $-Y_o^o$, g_1 besitze in x_o eine Y_1-konvexe B-Variation $g_1'(x_o)$ bezüglich $-Y_1^o - g_1(x_o)$. g_2 sei in einer Umgebung von x_o stetig und in x_o stetig GATEAUX-differenzierbar. Dann existiert
$(l_o, l_1, l_2) \in Z_o' \times Z_1' \times Z_2'$, $(l_o, l_1, l_2) \neq \Theta$ mit

i) $(l_o, l_1) \in Y_o^+ \times Y_1^+$

ii) $l_1 \circ g_1(x_o) \leq 0$

iii) $l_o \circ f'(x_o)(h) + l_1(g_1(x_o) + g_1'(x_o)(h)) + l_2 \circ g_2'(x_o)(h) \geq 0$

für alle $h \in \overleftrightarrow{H}$.

Ist $\Theta \in \overleftrightarrow{H}$, $f'(x_o)(\Theta) = \Theta$, $g_1'(x_o)(\Theta) = \Theta$, so ist $l_1 \circ g_1(x_o) = 0$, so daß iii) äquivalent ist mit

iv) $l_o \circ f'(x_o)(h) + l_1 \circ g_1'(x_o)(h) + l_2 \circ g_2'(x_o)h \geq 0$ für alle $h \in \overleftrightarrow{H}$

Beweis: ① Ist $g_2'(x_o)(E) \subsetneqq Z_2$, $g_2'(x_o)$ also nicht surjektiv, so folgt aus Satz I 1.14 die Existenz eines $l_2 \in Z_2'$ mit $l_2 | g_2'(x_o)(E) = \Theta$ und $l_2 \neq \Theta$. Setzt man nun noch $l_o = l_1 = \Theta$, so hat man das gewünschte Tripel gefunden.

② Es sei $g_2'(x_o)(E) = Z_2$. Nun kann man den Beweis genauso führen wie beim 1. Maximumprinzip, wobei wir diesmal die Inklusion $\{h \in E : g_2'(x_o)h = \Theta\} \subset B_t(X_2, x_o)$ dem Satz 1.13 entnehmen.

Unter zusätzlichen Voraussetzungen kann die Stetigkeit der in den Maximumprinzipien auftretenden linearen Funktionale l_o, l_1, l_2 nachgewiesen werden, wobei bemerkt sei, daß lineare Funktionale auf endlichdimensionalen Räumen stetig sind. Das entsprechende Ergebnis fassen wir in einem Korollar zusammen.

2.5 Korollar: Die Voraussetzungen von Satz 2.3 oder Satz 2.4 seien erfüllt. $(l_o, l_1, l_2) \in Z_o' \times Z_1' \times Z_2'$ sei das von $\Theta_{Z_o' \times Z_1' \times Z_2'}$ verschiedene Tripel mit den Eigenschaften i), ii), iii), dessen Existenz in Satz 2.3 bzw. 2.4 nachgewiesen wurde. Dann gilt:

① Ist Z_o normiert und $\overset{\circ}{Y}_o \neq \emptyset$, so ist l_o stetig.

② Ist Z_1 normiert und $\overset{\circ}{Y}_1 \neq \emptyset$, so ist l_1 stetig.

③ Sind E, Z_o, Z_1, Z_2 normiert, Z_2 endlichdimensional oder E und Z_2 vollständig, $\overset{\circ}{Y}_o \neq \emptyset$, $\overset{\circ}{Y}_1 \neq \emptyset$, $\overset{\circ}{H} \neq \emptyset$, ferner $f'(x_o)$ und $g_1'(x_o)$ stetig sowie $g_2'(x_o)(E)$ abgeschlossen in Z_2, so sind l_o, l_1 stetig und auch l_2 kann als stetig angenommen werden (Genauer: $l_2 : g_2'(X_o)(E) \to \mathbb{R}$ ist stetig, eine stetige Fortsetzung auf ganz Z_2 mit Hilfe von Satz I 2.6 liefert ein stetiges lineares Funktional auf Z_2, für das immer noch iii) bzw. iυ) gilt).

Beweis: ①, ② folgen sofort aus Lemma I 2.3 .

③ Es ist $l_2 \circ g_2'(x_o)(h) \geq -l_o \circ f'(x_o)(h) - l_1(g_1(x_o)+g_1'(x_o)(h))$ für alle $h \in \overset{\leftrightarrow}{H}$. Aus der Stetigkeit von $-l_o \circ f'(x_o) - l_1 \circ g_1'(x_o)$ und aus $\overset{\circ}{H} \neq \emptyset$ folgt aus Lemma I 2.3, daß $l_2 \circ g_2'(x_o) : E \to \mathbb{R}$ stetig ist. Sei $\hat{Z}_2 := g_2'(x_o)(E)$, $L_o := \{h \in E : g_2'(x_o)h = \Theta\}$. Dann sind $E_{/L_o}$, $\hat{Z}_2$ Banachräume und $A : E_{/L_o} \to \hat{Z}_2$ definiert durch $A([h]) = g_2'(x_o)h$ mit $h \in [h]$ besitzt nach dem Satz von BANACH eine stetige Inverse A^{-1} (siehe Beweis zu Satz 1.13), d.h. zu $\hat{z}_2 \in \hat{Z}_2$ existiert $[h] = A^{-1}\hat{z}_2$ mit $\|[h]\| \leq \|A^{-1}\| \cdot \|\hat{z}_2\|$. Man wähle $h \in [h]$ mit $\|h\| \leq 2\,\|[h]\|$. Dann ist

$$|l_2(\hat{z}_2)| = |l_2 \circ g_2'(x_o)(h)| \leq \|l_2 \circ g_2'(x_o)\|\,\|h\|$$
$$\leq 2\,\|l_2 \circ g_2'(x_o)\|\,\|[h]\| \leq 2\,\|l_2 \circ g_2'(x_o)\| \cdot \|A^{-1}\| \cdot \|\hat{z}_2\|$$

Also ist $l_2 : \hat{Z}_2 \to \mathbb{R}$ stetig. Eine stetige Fortsetzung auf Z_2 mit Hilfe von Satz I 2.6 liefert die Behauptung.

Bevor wir auf Varianten der beiden Maximumprinzipien eingehen, wollen wir in dem allgemeinen Rahmen die Frage nach "constraint qualifications" (CQ) untersuchen. Hierunter versteht man Bedingungen, welche garantieren, daß in den Maximumprinzipien Tripel (l_o, l_1, l_2) existieren mit der Eigenschaft, daß der erste Multiplikator l_o von $\Theta_{Z_o'}$ verschieden ist, so daß z.B. im Fall $Z_o = \mathbb{R}$ o.B.d.A. $l_o = 1$ angenommen werden kann. Ist $l_o = \Theta_{Z_o'}$, so liefert das Maximumprinzip Aussagen, die von der Zielfunktion f unabhängig sind, so daß man kaum hoffen kann, diese zu Informationen über die Lösung heranziehen zu können.

<u>2.6 Satz:</u> Die Voraussetzungen von Satz 2.3 oder Satz 2.4 seien gegeben. Die folgenden constraint qualifications seien erfüllt:

ⓐ Es existiert $h_o \in \overset{\mapsto}{H}$ mit

$g_1(x_o) + g_1'(x_o)(h_o) \in -Y_1^o$ und $g_2'(x_o)(h_o) = \Theta$

ⓑ $\Theta \in (g_2'(x_o)\overset{\mapsto}{H})^o$

Für ein Tripel $(l_o, l_1, l_2) \in Z_o' \times Z_1' \times Z_2'$, $(l_o, l_1, l_2) \neq \Theta_{Z_o' \times Z_1' \times Z_2'}$, welches den Bedingungen i), ii), iii) aus Satz 2.3 bzw. Satz 2.4 genügt (die Existenz eines solchen Tripels wurde dort bewiesen) gilt dann $l_o \neq \Theta_{Z_o'}$.

<u>Beweis:</u> Ist $l_o = \Theta$, so gilt $l_1(g_1(x_o)+g'_1(x_o)(h_o)) \geq 0$, wegen $l_1 \in Y_1^+$ und $g_1(x_o) + g_1'(x_o)(h_o) \in -Y_1^o$ ist andererseits $l_1(g_1(x_o)+g_1'(x_o)(h_o)) \leq 0$, also $l_1(g_1(x_o)+g_1'(x_o)(h_o)) = 0$. Aus Lemma I1.10 ii) folgt $l_1 = \Theta_{Z_1'}$. Aus $l_2 \circ g_2'(x_o)(h) \geq 0$ für alle $h \in \overset{\mapsto}{H}$ folgt $l_2 \in (g_2'(x_o)\overset{\mapsto}{H})^+$, wegen $\Theta \in (g_2'(x_o)\overset{\mapsto}{H})^o$ und wiederum Lemma I1.10 ii) ist auch $l_2 = \Theta_{Z_2'}$, womit wir einen Widerspruch zu $(l_o, l_1, l_2) \neq \Theta_{Z_o' \times Z_1' \times Z_2'}$ gewonnen haben.

<u>Bemerkungen:</u> 1. Auf die Bedingung ⓑ in Satz 2.6 kann verzichtet werden, wenn keine Gleichungen als Restriktionen auftreten, entsprechend ist die Bedingung ⓐ überflüssig, wenn keine Ungleichungen als Restriktionen auftreten.

2. Ist $\Theta \in (g_2'(x_o)\overset{\mapsto}{H})^o$, so ist $g_2'(x_o)(E) = Z_2$, $g_2'(x_o)$ also surjektiv. Denn wäre $g_2'(x_o)(E) \subsetneq Z_2$ ein echter Teilraum, so wäre $(g_2'(x_o)(E))^o = \emptyset$.

3. Ist (α) $g_2'(x_o)(E) = Z_2$ und

(β) $H^o \neq \emptyset$, es existiert $h_1 \in H^o$ mit $g_2'(x_o)h_1 = \Theta$,

so ist $\Theta \in (g_2'(x_o)\overset{\mapsto}{H})^o$. Denn:

$\Theta = g_2'(x_o)h_1 \in g_2'(x_o)(H^o) \subset (g_2'(x_o)(H))^o \subset (g_2'(x_o)\overset{\mapsto}{H})^o$.

4. Unter den Voraussetzungen der Sätze 2.3 oder 2.4 gilt: Ist eine der folgenden Bedingungen ①, ②, ③ verletzt, so existiert ein Tripel $(\Theta, l_1, l_2) \in Z_o' \times Z_1' \times Z_2'$ mit $(l_1, l_2) \neq \Theta$, welches den Bedingungen i), ii), iii) der Sätze 2.3 bzw. 2.4 genügt:

① $\tilde{A} := \{h \in H : g_1(x_o) + g_1'(x_o)(h) \in -Y_1^o,\ g_2'(x_o)h = \Theta\} \neq \emptyset$

② $g_2'(x_o)(E) = Z_2$

③ $\Theta \in (g_2'(x_o)(\overleftrightarrow{H}))^i$

Denn: ① Ist $\tilde{A} = \emptyset$, so existiert nach dem Alternativsatz Satz 2.2 ein Paar $(l_1, l_2) \in Y_1^+ \times Z_2'$ $(l_1, l_2) \neq \Theta$ mit

$$l_1(g_1(x_o)+g_1'(x_o)(h)) + l_2 \circ g_2'(x_o)(h) \geq 0 \text{ für alle } h \in \overleftrightarrow{H}.$$

② Ist $g_2'(x_o)(E) \subsetneqq Z_2$, so existiert ein $l_2 \in Z_2'$ mit $l_2 | g_2'(x_o)(E) = \Theta$ und $l_2 \neq \Theta$. (Θ, Θ, l_2) genügt dann i), ii), iii).

③ Ist $\Theta \notin (g_2'(x_o)(\overleftrightarrow{H}))^i$, so lassen sich $\{\Theta\}$ und $g_2'(x_o)(\overleftrightarrow{H})$ nach Satz I 1.14 durch eine Hyperebene trennen, d.h. es existiert $l_2 \in Z_2'$ mit $l_2 \circ g_2'(x_o)h \geq 0$ für alle $h \in \overleftrightarrow{H}$. (Θ, Θ, l_2) genügt dann i), ii), iii).

Wir wollen jetzt zwei Varianten des Maximumprinzips Satz 2.4 beweisen. Ihre Beweise sind verhältnismäßig einfach, es wird nicht der Alternativsatz oder der Satz von LJUSTERNIK, sondern nur Lemma 2.1 angewandt. Die beiden Sätze dienen vor allem dazu, den Bezug zu einigen Resultaten anderer Autoren später darstellen zu können.

<u>2.7 Satz:</u> Seien E, Z_o, Z_1, Z_2 lineare Räume, Y_o, Y_1 eigentliche Kegel in Z_o bzw. Z_1. $X_o \subset E$ sei eine Teilmenge, $g_1 : E \to Z_1$ und $g_2 : E \to Z_2$ Abbildungen und $X_1 := \{x \in E : g_1(x) \in -Y_1\}$, $X_2 := \{x \in E : g_2(x) = \Theta\}$, ferner sei $B \subset R(E)$. Die Abbildung $f : E \to Z_o$ besitze in $x_o \in X_o \cap X_1 \cap X_2 =: M$ ein B-Minimum auf M, f besitze in x_o eine Y_o-konvexe B-Variation $f'(x_o)$ bezüglich $-Y_o^o$, g_1 besitze in x_o eine Y_1-konvexe B-Variation $g_1'(x_o)$ bezüglich

$-Y_1^\circ - g_1(x_o)$, es sei $f'(x_o)(\Theta) = \Theta$ und $g_1'(x_o)(\Theta) = \Theta$. Ferner sei $H \subset B_z(X_o,x_o)$ konvex mit $H^\circ \neq \emptyset$ und $\Theta \in \overset{\mapsto}{H}$, $N \subset B_t(X_2,x_o)$ konvex mit $\Theta \in \overset{\mapsto}{N}$. Dann gilt:

Es existieren $(l_o,l_1,w) \in Z_o' \times Z_1' \times E'$, $(l_o,l_1,w) \neq \Theta$ mit

i) $(l_o,l_1) \in Y_o^+ \times Y_1^+$, $-w \in N^+$

ii) $l_1 \circ g_1(x_o) = 0$

iii) $l_o \circ f'(x_o)(h) + l_1 \circ g_1'(x_o)(h) + w(h) \geq 0$ für alle $h \in \overset{\mapsto}{H}$.

<u>Beweis:</u> Da $x_o \in M$ ein B-Minimum von f auf M ist, folgt wie beim Beweis von Satz 2.4, daß

$A := \{h \in H : f'(x_o)(h) \in -Y_o^\circ,\ g_1'(x_o)(h) \in -Y_1^\circ - g_1(x_o),\ h \in N\} = \emptyset$.

Nun definiere man $Z := Z_o \times Z_1 \times E$, $Y := Y_o \times Y_1 \times \{\Theta_E\}$, $C := Y_o^\circ \times (Y_1^\circ + g_1(x_o)) \times (-N)$ und $T : E \to Z$ durch $T(h) = (f'(x_o)(h), g_1'(x_o)(h), h)$. Dann ist $A = \{h \in H : T(h) \in -C\} = \emptyset$ und alle Voraussetzungen von Lemma 2.1 ⓑ sind erfüllt, wenn wir $(T(H)+C)^i \neq \emptyset$ nachweisen können. Wir zeigen, daß sogar $(T(H)+C)^\circ \neq \emptyset$.

Man wähle sich hierzu $\hat{h} \in H^\circ$, $\hat{n} \in -N$, $\hat{y}_o \in Y_o^\circ$ und $\hat{y}_1 \in Y_1^\circ$ sowie $(z_o,z_1,x) \in Z_o \times Z_1 \times E$ beliebig. Wir zeigen, daß $T(\hat{h}) + (\hat{y}_o, \hat{y}_1 + g_1(x_o), \hat{n}) \in (T(H)+C)^\circ$. Da $\hat{h} \in H^\circ$, existiert ein $t_o > 0$ derart, daß $h_t := \hat{h} + tx \in H$ für alle $t \in [0,t_o]$. Da $\hat{y}_o \in Y_o^\circ$ existiert ein $t_1 \in (0,1)$ derart, daß

$$\hat{y}_o + t(z_o + f'(x_o)(\hat{h}) - f'(x_o)(\hat{h}+x)) \in Y_o^\circ \quad \text{für } t \in [0,t_1],$$

so daß

$$f'(x_o)(\hat{h}) + \hat{y}_o + tz_o = f'(x_o)(h_t) + y_o^t \quad \text{mit}$$

$$y_o^t = [(1-t)\, f'(x_o)(\hat{h}) + tf'(x_o)\,(\hat{h}+x) - f'(x_o)(h_t)]$$
$$+ [\hat{y}_o + t(z_o + f'(x_o)(\hat{h}) - f'(x_o)(\hat{h}+x))] \in Y_o + Y_o^\circ \subset Y_o^\circ \text{ für } t \in [0,t_1].$$

Entsprechend folgt

$$g_1'(x_o)(\hat{h}) + \hat{y}_1 + g_1(x_o) + tz_1 = g_1'(x_o)(h_t) + y_1^t + g_1(x_o) \text{ mit } y_1^t \in Y_1^\circ$$

für $t \in [0,t_2]$. Für $t \in [0,\min(t_o,t_1,t_2)]$ ist dann

$$T(\hat{h}) + (\hat{y}_o,\hat{y}_1+g_1(x_o),\hat{n}) + t(z_o,z_1,x) = T(h_t) + (y_o^t,y_1^t,\hat{n})$$
$$\in T(H) + C, \text{ womit}$$

$(T(H)+C)^o \neq \emptyset$ bewiesen ist. Lemma 2.1 ⓑ liefert die Existenz eines Tripels $(l_o,l_1,w) \in Z_o' \times Z_1' \times E'$, $(l_o,l_1,w) \neq \Theta$ mit $(l_o,l_1,w) \in Y^+ \cap C^+$, also $l_o \in Y_o^+$, $l_1 \in Y_1^+ \cap (Y_1+g_1(x_o))^+$, $w \in -N^+$ und $l_o \circ f'(x_o)(h) + l_1 \circ g_1'(x_o)(h) + w(h) \geq 0$ für alle $h \in \overleftrightarrow{H}$.
Wegen $l_1 \in (Y_1+g_1(x_o))^+$ ist $l_1 \circ g_1(x_o) \geq 0$, andererseits ist $l_1 \in Y_1^+$ und $g_1(x_o) \in -Y_1$, also auch $l_1 \circ g_1(x_o) \leq 0$ und der Satz ist bewiesen.

Man erkennt, daß das Ergebnis in Satz 2.7 dem von Satz 2.4 sehr ähnlich ist. Die Unterschiede bestehen einmal darin, daß Satz 2.7 algebraisch formuliert werden kann und $H^o \neq \emptyset$ vorausgesetzt werden muß, zum anderen darin, daß keine Differenzierbarkeitsbedingungen an g_2 gestellt werden, dafür aber die Kenntnis einer konvexen Teilmenge N von $B_t(X_2,x_o)$ vorausgesetzt wird. Sind E und Z_2 normierte Räume und $B = H(E)$, so ist unter gewissen Differenzierbarkeitsbedingungen an g_2 und Vollständigkeitsbedingungen an E und Z_2 $\{h \in E : g_2'(x_o)(h) = \Theta\} = B_t(X_2,x_o)$ und man hat dann eine Menge N mit den gewünschten Bedingungen erhalten.

Wir wollen jetzt Optimierungsaufgaben ohne Gleichungen als Restriktionen betrachten. Aus dem Beweis zu Satz 2.3 oder Satz 2.4 und aus Lemma 1.4 ii) geht sofort hervor, daß man in diesem Falle $H \subset B_t(X_o,x_o)$ wählen kann. Dies zeigt sich auch in der folgenden Modifikation des Maximumprinzips, die analog zu Satz 2.7 aufgebaut ist.

<u>2.8 Satz:</u> E, Z_o, Z_1 seien lineare Räume, Y_o sei ein eigentlicher, Y_1 ein konvexer Kegel in Z_o bzw. Z_1. Sei $X_o \subset E$, $g_1 : E \to Z_1$ eine Abbildung und $X_1 := \{x \in E : g_1(x) \in -C\}$ mit konvexem $C \subset Z_1$ mit $C^o \neq \emptyset$ sowie $C^o + Y_1 \subset C^o$. Es sei $B \subset R(E)$ und $x_o \in M := X_o \cap X_1$ ein B-Minimum der Abbildung $f : E \to Z_o$ auf M. $K \subset B_a(f,x_o)$ sei konvex, $K^o \neq \emptyset$ und $\Theta \in \overset{\leftrightarrow}{K}$. g_1 besitze in x_o eine Y_1-konvexe B-Variation $g_1'(x_o)$ bezüglich $-C^o - g_1(x_o)$ mit $g_1'(x_o)(\Theta) = \Theta$ und es sei $H \subset B_t(X_o,x_o)$ konvex mit $\Theta \in \overset{\leftrightarrow}{H}$. Dann existiert ein Paar $(\psi,l_1) \in E' \times Z_1'$, $(\psi,l_1) \neq \Theta_{E'\times Z_1'}$ mit

i) $\psi \in -K^+$, $l_1 \in Y_1^+ \cap (C+g_1(x_o))^+$

ii) $\psi(h) + l_1 \circ g_1'(x_o)(h) \geq 0$ für alle $h \in \overset{\leftrightarrow}{H}$.

<u>Beweis:</u> Da $x_o \in M$ ein B-Minimum von f auf M ist, ist

$$\emptyset = B_t(X_o \cap X_1;x_o) \cap B_a(f,x_o) \supset B_t(X_o,x_1) \cap B_z(X_1,x_o) \cap B_a(f,x_o)$$
$$\supset \{h \in H : g_1'(x_o)(h) \in -C^o - g_1(x_o),\ h \in K\} = \emptyset .$$

Setze $Z := Z_1 \times E$, $Y := Y_1 \times \{\Theta_E\}$, $\hat{C} := (C^o + g_1(x_o)) \times (-K)$ und definiere $T : E \to Z$ durch $T(h) = (g_1'(x_o)(h),h)$. Dann ist $A := \{h \in H : T(h) \in -\hat{C}\} = \emptyset$, die Voraussetzungen von Lemma 2.1 ⓑ sind erfüllt. Daher gibt es $(l_1,\psi) \in Z_1' \times E'$, $(l_1,\psi) \neq \Theta$ mit $(l_1,\psi) \in Y^+ \cap \hat{C}^+$, also $l_1 \in Y_1^+ \cap (C+g_1(x_o))^+$, $\psi \in -K^+$ und $\psi(h) + l_1 \circ g_1'(x_o)(h) \geq 0$ für alle $h \in \overset{\leftrightarrow}{H}$, womit der Satz bewiesen ist.

Später werden wir angeben, inwiefern die letzten beiden Sätze Ergebnisse von BAZARAA-GOODE [3], DAS [12] und NAGAHISA-SAKAWA [43] verallgemeinern.

§3 Konvexe Optimierungsaufgaben

In diesem Paragraphen wollen wir eine erste Spezialisierung der in §2 gewonnenen Ergebnisse vornehmen. Wir betrachten jetzt konvexe Optimierungsaufgaben der folgenden Form:

(K) E, Z_o, Z_1, Z_2 seien lineare Räume, Y_o, Y_1 seien eigentliche Kegel in Z_o bzw. Z_1. $X_o \subset E$ sei konvex, $g_1 : E \to Z_1$ sei Y_1-konvex und $X_1 := \{x \in E : g_1(x) \in -Y_1\}$, $g_2 : E \to Z_2$ sei affin linear und $X_2 := \{x \in E : g_2(x) = \Theta\}$. Ferner sei $f : E \to Z_o$ Y_o-konvex. Gesucht sei ein $\{\Theta\}$-Minimum $x_o \in M := X_o \cap X_1 \cap X_2$ von f auf M, welches wir dann eine $\{\Theta\}$-Lösung von (K) nennen.

Wir werden in diesem Paragraphen stets die oben angegebene Situation voraussetzen. Wenn wir von dem konvexen Optimierungsproblem (K) sprechen, werden wir also nicht explizit noch einmal sagen, daß $g_1 : E \to Z_1$ Y_1-konvex ist usw., sondern nur zusätzliche Voraussetzungen angeben.

Es ist klar, daß jede globale Lösung von (K) auch eine $\{\Theta\}$-Lösung ist. Konvexe Optimierungsaufgaben zeichnen sich u.a. dadurch aus, daß auch die Umkehrung richtig ist, wie das folgende einfache Lemma aussagt, so daß wir zwischen einer $\{\Theta\}$-Lösung und einer (globalen) Lösung von (K) nicht zu unterscheiden brauchen.

<u>3.1 Lemma:</u> Seien E, Z_o lineare Räume, $Y_o \subset Z_o$ ein eigentlicher Kegel, $M \subset E$ konvex und $f : E \to Z_o$ sei Y_o-konvex. Ist dann $x_o \in M$ ein $\{\Theta\}$-Minimum von f auf M, so ist x_o auch ein globales Minimum von f auf M.

<u>Beweis:</u> Sei $x_o \in M$ ein $\{\Theta\}$-Minimum von f auf M. Angenommen, es existiert ein $x \in M$ mit $f(x_o) - f(x) \in Y_o^o$. Sei $B = \{\Theta\}$.

Für $t \in (0,1]$ ist dann

i) $x_o + t(x-x_o) \in M$, also $x - x_o \in B_t(M,x_o)$

ii) $$f(x_o) - f(x_o+t(x-x_o)) = t(f(x_o)-f(x)) + [(1-t)\, f(x_o) + tf(x) - f(x_o+t(x-x_o))] \in Y_o^o + Y_o \subset Y_o^o,$$

also $x - x_o \in B_a(f,x_o)$, so daß $B_a(f,x_o) \cap B_t(M,x_o) \neq \emptyset$, ein Widerspruch zur Minimalität von x_o.

Im folgenden wollen wir nachweisen, daß das konvexe Optimierungsproblem (K) die Differenzierbarkeitsvoraussetzungen des Maximumprinzips Satz 2.3 erfüllt. Der Deutlichkeit halber wollen wir die entsprechenden Voraussetzungen in den folgenden drei Lemmata, auch wenn sie in der Formulierung von (K) schon enthalten sind, noch einmal angeben.

<u>3.2 Lemma:</u> Seien E, Z_o lineare Räume, $Y_o \subset Z_o$ ein eigentlicher Kegel und $f : E \to Z_o$ sei Y_o-konvex. Dann ist $f'(x_o) : E \to Z_o$ definiert durch $f'(x_o)(h) := f(x_o+h) - f(x_o)$ eine Y_o-konvexe $\{\Theta\}$-Variation in x_o bezüglich $-Y_o^o$.

<u>Beweis:</u> i) $f'(x_o)$ ist Y_o-konvex; denn sind h_1, $h_2 \in E$, $\lambda \in [0,1]$ so ist $(1-\lambda)\, f'(x_o)(h_1) + \lambda f'(x_o)(h_2) - f'(x_o)((1-\lambda)h_1+\lambda h_2)$

$$= (1-\lambda)\, f(x_o+h_1) + \lambda f(x_o+h_2) - f((1-\lambda)(x_o+h_1)+\lambda(x_o+h_2)) \in Y_o$$

ii) $f'(x_o)$ ist eine $\{\Theta\}$-Variation von f in x_o bezüglich $-Y_o^o$: Sei $f'(x_o)(h) \in -Y_o^o$. Für $t \in (0,1]$ ist dann

$$\frac{1}{t}\{f(x_o+th) - f(x_o)\} = \frac{1}{t} f'(x_o)(th) \in f'(x_o)(h) - Y_o \subset -(Y_o^o+Y_o) \subset -Y_o^o,$$

womit ii) bewiesen ist.

Entsprechend zeigt man:

3.3 Lemma: Seien E, Z_1 lineare Räume, $Y_1 \subset Z_1$ ein eigentlicher Kegel, $g_1 : E \to Z_1$ sei Y_1-konvex und $g_1(x_o) \in -Y_1$. Dann ist $g_1'(x_o) : E \to Z_1$, definiert durch $g_1'(x_o)(h) = g_1(x_o+h) - g_1(x_o)$ eine Y_1-konvexe $\{\Theta\}$-Variation von g_1 in x_o bezüglich $-Y_1^{\circ} - g_1(x_o)$.

Trivialerweise gilt ferner

3.4 Lemma: Sei E ein linearer Raum, $X_o \subset E$ konvex und $x_o \in X_o$ sowie $B = \{\Theta\}$. Dann ist $X_o - x_o \subset B_z(X_o,x_o)$.

Eine direkte Anwendung des Maximumprinzips Satz 2.3 liefert

3.5 Satz: Gegeben sei das konvexe Optimierungsproblem (K). Es sei

ⓐ $\dim Z_2 < \infty$ oder

ⓑ $X_o^i \neq \emptyset$.

x_o sei eine Lösung von (K). Dann existieren $(l_o,l_1,l_2) \in Z_o' \times Z_1' \times Z_2'$, $(l_o,l_1,l_2) \neq \Theta$ mit

i) $(l_o,l_1) \in Y_o^+ \times Y_1^+$

ii) $l_1 \circ g_1(x_o) = 0$

iii) $l_o \circ f(x) + l_1 \circ g_1(x) + l_2 \circ g_2(x) \geq l_o \circ f(x_o) + l_1 \circ g_1(x_o) + l_2 \circ g_2(x_o)$ für alle $x \in \overline{X_o}$.

Beweis: Man kann $H = X_o - x_o$ und $B = \{\Theta\}$ wählen. Lemma 3.2, 3.3, 3.4 und Satz 2.3 unter Beachtung von $\Theta \in \overline{H}$, $f'(x_o)(\Theta) = \Theta$ und $g_1'(x_o)(\Theta) = \Theta$ liefern direkt die Behauptung.

Bemerkungen: 1. Die Bedingung iii) in Satz 3.5 macht vielleicht zum erstenmal deutlich, weshalb man die Sätze 2.3, 2.4 überhaupt ein Maximumprinzip nennt. Denn iii) sagt aus, daß ein Tripel $(l_o,l_1,l_2) \in Z_o' \times Z_1' \times Z_2'$, $(l_o,l_1,l_2) \neq \Theta$ existiert derart, daß das Funktional $-(l_o \circ f + l_1 \circ g_1 + l_2 \circ g_2)$ sein Maximum auf X_o in x_o annimmt.

Einleuchtender wäre es wegen dieser Begründung vielleicht, von einem Minimumprinzip zu sprechen, da wir aber den engen Zusammenhang mit dem PONTRYAGIN'schen Maximumprinzip aufzeigen werden, bleiben wir bei der getroffenen Bezeichnung.

2. Definiert man die LAGRANGE-Funktion $L : Z_o' \times Z_1' \times Z_2' \times E \to \mathbb{R}$ durch $L(\lambda_o,\lambda_1,\lambda_2;x) = \lambda_o \circ f(x) + \lambda_1 \circ g_1(x) + \lambda_2 \circ g_2(x)$, so erhält man aus Satz 3.5 sofort die folgende Sattelpunktaussage:

Ist x_o eine Lösung von (K), so existieren $(l_o,l_1,l_2) \in Y_o^+ \times Y_1^+ \times Z_2'$, $(l_o,l_1,l_2) \neq \Theta$ derart, daß

$$L(l_o,\lambda_1,\lambda_2;x_o) \leq L(l_o,l_1,l_2;x_o) \leq L(l_o,l_1,l_2;x)$$
$$\text{für alle } (\lambda_1,\lambda_2) \in Y_1^+ \times Z_2',\ x \in X_o$$

Denn: Die rechte Ungleichung folgt aus iii), die linke Ungleichung ist trivial, da

$$L(l_o,l_1,l_2;x_o) - L(l_o,\lambda_1,\lambda_2;x_o) = (l_1-\lambda_1)\circ g_1(x_o) + (l_2-\lambda_2)\circ g_2(x_o)$$
$$= -\lambda_1 \circ g_1(x_o) \geq 0$$

wegen $g_2(x_o) = \Theta$, $l_1 \circ g_1(x_o) = 0$, $g_1(x_o) \in -Y_1$ und $\lambda_1 \in Y_1^+$.

3. Korollar 2.5 sagt aus, daß man unter geeigneten Zusatzvoraussetzungen auf die Stetigkeit der Funktionale l_o, l_1, l_2 schliessen kann. Wir geben hier noch eine weitere Möglichkeit an, die Stetigkeit von l_2 zu erhalten: Seien E, Z_o, Z_1, Z_2 normiert, $\mathring{Y}_o \neq \emptyset$, $\mathring{Y}_1 \neq \emptyset$, $\mathring{X}_o \neq \emptyset$ und f, g_1 stetig. Sei $g_2(x) = G_2x + z_2$ mit linearem $G_2 : E \to Z_2$.

G_2 sei <u>offen</u>, d.h. zu jeder Umgebung U von Θ_E existiert eine Umgebung V von Θ_{Z_2} mit $V \subset G_2(U)$. Dann ist $l_2 \in Z_2^*$.

Denn: $l_o \in Z_o^*$, $l_1 \in Z_2^*$ folgt aus Lemma I 2.3. Aus der Stetigkeit von $l_o \circ f$, $l_1 \circ g_1$ und iii) folgt, daß $l_2 \circ G_2$ auf der Menge X_o mit $\mathring{X}_o \neq \emptyset$ nach unten durch eine stetige Funktion abgeschätzt werden kann. Wiederum nach Lemma I 2.3 bzw. der daran anschließenden Bemerkung folgt, daß $l_2 \circ G_2 \in E^*$.

Ist $l_2 \circ G_2 = \Theta$ so folgt $l_2 = \Theta \in Z_2^*$, da G_2 als offene Abbildung surjektiv ist. Sei daher $l_2 \circ G_2 \neq \Theta$. Wir zeigen $l_2 \in Z_2^*$. $\varepsilon > 0$ sei vorgegeben, setze $\delta_1 := \frac{\varepsilon}{\|l_2 \circ G_2\|}$. Wegen der Offenheit von G_2 existiert zu δ_1 ein $\delta > 0$ derart, daß $K[\Theta_{Z_2},\delta] \subset G_2(K[\Theta_E,\delta_1])$. Zu $z \in K[\Theta_{Z_2},\delta]$ existiert ein $x \in K[\Theta_E, \delta_1]$ mit $z = G_2(x)$. Dann ist $|l_2(z)| = |l_2 \circ G_2(x)| \leq \|l_2 \circ G_2\| \cdot \|x\| \leq \varepsilon$, womit $l_2 \in Z_2^*$ bewiesen ist.

(Sind E und Z_2 Banachräume und ist G_2 stetig und surjektiv, so ist G_2 offen (Prinzip der offenen Abbildung, siehe z.B. [24]), ist dagegen statt $G_2(E) = Z_2$ nur bekannt, daß $G_2(E)$ abgeschlossen in Z_2 ist, so ist $l_2 \in (G_2(E))^*$ und l_2 läßt sich stetig auf Z_2 fortsetzen, wobei die Eigenschaft iii) erhalten bleibt).

Durch Satz 3.5 und die letzte Bemerkung haben wir ein Ergebnis von BAZARAA-GOODE [4] erhalten. Diese betrachten wie wir konvexe Optimierungsaufgaben mit affin linearen Gleichungsrestriktionen und machen ansonsten im wesentlichen die Voraussetzungen der letzten Bemerkung, wenden einen topologischen Trennungssatz an und erhalten Satz 3.5 mit $(l_o,l_1,l_2) \in Z_o^* \times Z_1^* \times Z_2^*$, während wir unter allgemeinen Voraussetzungen mit Hilfe eines algebraischen Trennungssatzes auf die Existenz eine Tripels $(l_o,l_1,l_2) \in Z_o' \times Z_1' \times Z_2'$ geführt werden und unter zusätzlichen Voraussetzungen, die im wesentlichen mit denen von BAZARAA-GOODE [4] identisch sind, die Stetigkeit der Funktionale l_o, l_1, l_2 nachweisen.

4. NEUSTADT [46] betrachtet konvexe Optimierungsaufgaben mit endlich vielen Gleichungen als Nebenbedingungen. Satz 3.5 verallgemeinert diese Ergebnisse.

Zum Schluß dieses Paragraphen wollen wir noch eine constraint qualification für das konvexe Optimierungsproblem (K) angeben.

<u>3.6 Satz:</u> Gegeben sei das konvexe Optimierungsproblem (K), wobei $\dim Z_2 < \infty$ oder $X_o^i \neq \emptyset$. $x_o \in M := X_o \cap X_1 \cap X_2$ sei eine Lösung von (K). Es sei die folgende constraint qualification erfüllt:

ⓐ Es existiert $\hat{x} \in \overleftrightarrow{X_o}$ mit $g_1(\hat{x}) \in -Y_1^o$ und $g_2(\hat{x}) = \Theta$

ⓑ $\Theta \in (g_2(\overleftrightarrow{X_o}))^i$.

Dann existieren $(l_o, l_1, l_2) \in Z_o' \times Z_1' \times Z_2'$ mit $l_o \neq \Theta$, die den Bedingungen i), ii), iii) aus Satz 3.5 genügen.

<u>Beweis:</u> Sei $\tilde{E} = \text{span}(\overleftrightarrow{X_o})$ und $\tilde{Z}_2 := g_2(\tilde{E})$. ($\tilde{Z}_2$ ist ein linearer Raum, da $\Theta = g_2(x_o) \in \tilde{Z}_2$). Wir beschränken das Problem (K) auf die Räume $\tilde{E}$, Z_o, Z_1, $\tilde{Z}_2$. Anwendung von Satz 3.5 liefert die Existenz eines Tripels $(l_o, l_1, \tilde{l}_2) \in Z_o' \times Z_1' \times \tilde{Z}_2'$, $(l_o, l_1, \tilde{l}_2) \neq \Theta$ mit den Eigenschaften i), ii), iii) von Satz 3.5. Angenommen, es wäre $l_o = \Theta$. Dann wäre

$$l_1 \circ g_1(x) + \tilde{l}_2 \circ g_2(x) \geq 0 \quad \text{für alle } x \in \overleftrightarrow{X_o} .$$

Ausnutzen von ⓐ liefert wie in Satz 2.6 $l_1 = \Theta_{Z_1'}$, also ist $\tilde{l}_2 \circ g_2(x) \geq 0$ für alle $x \in \overleftrightarrow{X_o}$, also $\tilde{l}_2 \in g_2(\overleftrightarrow{X_o})^+$. Nun ist

$$\begin{aligned} \text{aff}(g_2(X_o)) &= \text{span}(g_2(X_o)) \, (\text{da } \Theta \in g_2(X_o)) \\ &= g_2(\text{span}\, X_o) = g_2(\tilde{E}) = \tilde{Z}_2, \end{aligned}$$

in $\tilde{Z}_2$ ist also $\Theta \in (g_2(\overleftrightarrow{X_o}))^o$, aus Lemma 1.10 ii) folgt $\tilde{l}_2 = \Theta$, ein Widerspruch zu $(l_o, l_1, \tilde{l}_2) \neq \Theta$. Also ist $l_o \neq \Theta$. Setzt man nun noch $\tilde{l}_2$ von $\tilde{Z}_2$ zu l_2 auf Z_2 fort mit Hilfe von Satz I1.13, so erhält man die Behauptung.

Setzt man analog zu Satz 3.5 $H = X_o - x_o$, $g_1'(x_o)(h) = g_1(x_o+h) - g_1(x_o)$, $g_2(x) = g_2'(x_o)x + z_2$ mit linearem $g_2'(x_o) : E \to Z_2$ und $z_2 \in Z_2$, so erkennt man leicht, daß die obige constraint qualification ⓐ, ⓑ äquivalent ist mit

(α) Es existiert $h \in \overleftrightarrow{H}$ mit $g_1(x_o) + g_1'(x_o)(h) \in -Y_1^o$, $g_2'(x_o)h = \Theta$

(β) $\Theta \in (g_2'(x_o)(\overleftrightarrow{H}))^i$

Denn um z.B. (α) aus ⓐ zu erhalten, setze man $h = x - x_o$ und in (β) berücksichtige man, daß

$$g_2(X_o) = g_2'(x_o)(X_o) + z_2 = g_2'(x_o)(X_o) - g_2'(x_o)\, x_o$$
$$= g_2'(x_o)(X_o - x_o) = g_2'(x_o)(H).$$

An (α), (β) erkennt man, daß die constraint qualification in Satz 3.6 der in Satz 2.6 entspricht.

<u>Bemerkungen:</u> Ein Sattelpunktsatz mit constraint qualification (CQ) für endlichdimensionale Probleme ohne Gleichungsrestriktionen wurde zum ersten Mal von SLATER (nach Zitat bei UZAWA[52]) angegeben. Dieser Satz wurde von UZAWA [52] auf endlichdimensionale Probleme mit Gleichungsrestriktionen und einer allgemeinen CQ verallgemeinert. Mit anderen CQs findet man den Sattelpunktsatz für endlichdimensionale Probleme bei MANGASARIAN [41]. Unendlichdimensionale Probleme wurden von HURWICZ [25], HURWICZ-UZAWA [26] mit topologischen Hilfsmitteln behandelt. Unsere CQ verallgemeinert die SLATER'sche CQ auf unendlich dimensionale Räume. Sie verallgemeinert aber nicht die CQ bei UZAWA [52], da man hierfür entsprechend dem endlichdimensionalen Fall "aktive" und "inaktive Indices" in unendlichdimensionalen Räumen definieren müßte. Ein Schritt in diese Richtung wird von HURWICZ-UZAWA [26] unternommen.

§4 Das Maximumprinzip für differenzierbare Funktionen

In diesem Paragraphen wollen wir zeigen, wie sich "klassische" Maximumprinzipien als Spezialfälle von Satz 2.3 und Satz 2.4 ergeben. Hierfür ist es notwendig, die Zusammenhänge zwischen unserem und anderen Differenzierbarkeitsbegriffen aufzuzeigen.

4.1 Definition: E,Z seien lineare normierte Räume, $x_o \in E$ und $f: E \to Z$ sowie $f'(x_o) : E \to Z$ Abbildungen.

ⓐ $f'(x_o)$ heißt FRÉCHET-Differential von f in x_o, wenn $f'(x_o)$ linear und stetig ist und wenn

$$\lim_{h\to\Theta} \frac{f(x_o+h) - f(x_o) - f'(x_o)\,h}{\|h\|} = \Theta.$$

In diesem Fall heißt f in x_o FRÉCHET-differenzierbar.

ⓑ $f'(x_o)$ heißt NEUSTADT-Variation von f in x_o, wenn für alle $h \in E$ gilt:

$$\lim_{\substack{t\to 0\\ y\to h}} \frac{f(x_o+ty) - f(x_o)}{t} = f'(x_o)(h)$$

f heißt NEUSTADT-differenzierbar in x_o, wenn f in x_o eine lineare, stetige NEUSTADT-Variation $f'(x_o)$ besitzt, welche wir NEUSTADT-Differential von f in x_o nennen.

ⓒ $f'(x_o)$ heißt HADAMARD-Variation von f in x_o, wenn für alle $h \in E$ und alle $r \in H(E)$ gilt:

$$\lim_{t\to 0+} \frac{f(x_o+th+r(t)) - f(x_o)}{t} = f'(x_o)(h)$$

f heißt HADAMARD-differenzierbar in x_o, wenn f in x_o eine lineare stetige HADAMARD-Variation $f'(x_o)$ besitzt, welche wir HADAMARD-Differential von f in x_o nennen.

Bemerkungen: ⓐ Die FRÉCHET-Differenzierbarkeit von f in x_o stimmt mit der totalen Differenzierbarkeit von f in x_o überein, wenn E und Z endlichdimensionale Räume sind.

ⓑ Ist $f'(x_o)$ eine HADAMARD-Variation von f in x_o, so auch eine GATEAUX-Variation von f in x_o (siehe Definition 1.10).

Unter einer Zusatzvoraussetzung ist eine GATEAUX-Variation sogar eine HADAMARD-Variation:

4.2 Lemma: E,Z seien lineare normierte Räume und $f : E \to Z$ eine Abbildung, die in einer Umgebung von $x_o \in E$ Lipschitz-stetig ist, d.h. es gibt eine Umgebung U von x_o und eine Konstante $L > 0$ mit $\|f(x) - f(y)\| \leq L \|x - y\|$ für alle $x,y \in U$. Besitzt f in x_o eine GATEAUX-Variation $f'(x_o)$, so ist $f'(x_o)$ auch HADAMARD-Variation.

Beweis: Seien $h \in E$ und $r \in H(E)$ beliebig. Wähle $t_o > 0$ so klein, daß $x_o + th + r(t) \in U$ für alle $t \in (0,t_o]$. Für diese t gilt dann:

$$\left\|\frac{1}{t}\{f(x_o+th+r(t)) - f(x_o)\} - f'(x_o)(h)\right\| =$$

$$\left\|\frac{1}{t}\{f(x_o+th+r(t)) - f(x_o+th)\} + \frac{1}{t}\{f(x_o+th) - f(x_o)\} - f'(x_o)(h)\right\|$$

$$\leq L \cdot \frac{\|r(t)\|}{t} + \left\|\frac{1}{t}\{f(x_o+th) - f(x_o)\} - f'(x_o)(h)\right\| .$$

Mit $t \to 0+$ folgt die Behauptung.

4.3 Lemma: E,Z seien lineare normierte Räume und $f : E \to Z$ sei in $x_o \in E$ FRÉCHET-differenzierbar mit FRÉCHET-Differential $f'(x_o)$. Dann ist f in x_o auch NEUSTADT-differenzierbar mit NEUSTADT-Differential $f'(x_o)$.

Beweis: Sei $h \in E$ beliebig. Für $t \neq 0$ und $y \in E$ gilt dann:

$$\left\|f'(x_o)h - \frac{f(x_o+ty) - f(x_o)}{t}\right\| = \left\|f'(x_o)y - \frac{f(x_o+ty) - f(x_o)}{t} + f'(x_o)(h-y)\right\|$$

$$\leq \|y\| \cdot \frac{\|f(x_o+ty) - f(x_o) - f'(x_o)(ty)\|}{\|ty\|} + \|f'(x_o)\| \; \|h - y\|.$$

Für $y \to h$ und $t \to 0$ konvergiert die rechte Seite gegen 0, da f nach Voraussetzung FRÉCHET-differenzierbar ist. Damit ist die Behauptung bewiesen.

<u>4.4 Lemma:</u> E,Z seien lineare normierte Räume und $f : E \to Z$ besitze in $x_o \in E$ eine NEUSTADT-Variation $f'(x_o)$. Dann ist $f'(x_o)$ auch HADAMARD-Variation von f in x_o.

<u>Beweis:</u> Seien $h \in E$ und $r \in H(E)$ beliebig. Sei r auf $(0,\tau]$ erklärt, setze $y(t) := h + \frac{r(t)}{t}$ für $t \in (0,\tau]$, so daß $\lim_{t \to 0+} y(t) = h$.

Dann gilt

$$\left\| f'(x_o)(h) - \frac{f(x_o+th+r(t)) - f(x_o)}{t} \right\| = \left\| f'(x_o)(h) - \frac{f(x_o+ty(t)) - f(x_o)}{t} \right\|$$

$$\to 0 \text{ für } t \to 0+ ,$$

da $f'(x_o)$ nach Voraussetzung NEUSTADT-Variation von f in x_o ist.

<u>Bemerkung:</u> Aus den letzten beiden Lemmata und aus Satz 1.11 bei NASHED [44] folgt die Äquivalenz der FRÉCHET- , NEUSTADT- und HADAMARD - Differenzierbarkeit, falls E ein endlichdimensionaler Raum ist.

Bisher haben wir die Differenzierbarkeitsbegriffe aus Definition 4.1 in Beziehung zueinander gesetzt. Der folgende Satz gibt die Beziehung zum Begriff der B-Variation (Definition 1.5) an:

<u>4.5 Satz:</u> Sei E ein linearer, Z ein linearer normierter Raum, $f : E \to Z$ eine Abbildung und $x_o \in E$.

ⓐ Besitzt f in x_o eine GATEAUX-Variation $f'(x_o)$, so ist $f'(x_o)$ auch $\{\Theta\}$-Variation von f in x_o bezüglich jeder offenen Menge $C \subset Z$.

ⓑ Ist auch E normiert und besitzt f in x_o eine HADAMARD-Variation $f'(x_o)$, so ist $f'(x_o)$ auch H(E)-Variation von f in x_o bezüglich jeder offenen Menge $C \subset Z$.

Beweis: Es genügt ⓑ zu beweisen, der Beweis von ⓐ verläuft völlig analog.

Sei $C \subset Z$ offen, $h \in E$ und $r \in H(E)$ sowie $f'(x_o)(h) \in C$. Dann ist

$$f'(x_o)(h) = \lim_{t \to 0+} \frac{f(x_o+th+r(t)) - f(x_o)}{t} \in C.$$

Da C offen ist, existiert ein $t_o > 0$ derart, daß

$\frac{1}{t}\{f(x_o+th+r(t)) - f(x_o)\} \in C$ für alle $t \in (0,t_o]$, womit die Behauptung schon bewiesen ist.

Bemerkung: In der Literatur treten auch noch andere als die angegebenen Differenzierbarkeitsbegriffe auf. Bei MASSAM-ZLOBEC [42] werden sie miteinander verglichen. Es wird bewiesen, daß die sogenannte "kompakte" Differenzierbarkeit, die nach einem Zitat in [42] auf SOVA und GIL de LAMADRID zurückgeht, allgemeiner als die FRÉCHET-Differenzierbarkeit ist. Aus Lemma 3.5 in [42] folgt für lineare normierte Räume E und Z, daß eine Abbildung $f : E \to Z$ in $x_o \in E$ genau dann kompakt differenzierbar ist, wenn sie in x_o NEUSTADT-differenzierbar ist. Beschränkt man sich also auf lineare normierte Räume, so sind auch alle anderen Differenzierbarkeitsbegriffe in [42] Spezialfälle des unseren.

Im folgenden Diagramm sind die Beziehungen zwischen den betrachteten Differenzierbarkeitsbegriffen zusammengestellt. Es seien hierbei E,Z lineare normierte Räume, $f : E \to Z$ und $f'(x_o) : E \to Z$ Abbildungen. Die Pfeile bedeuten Implikationen.

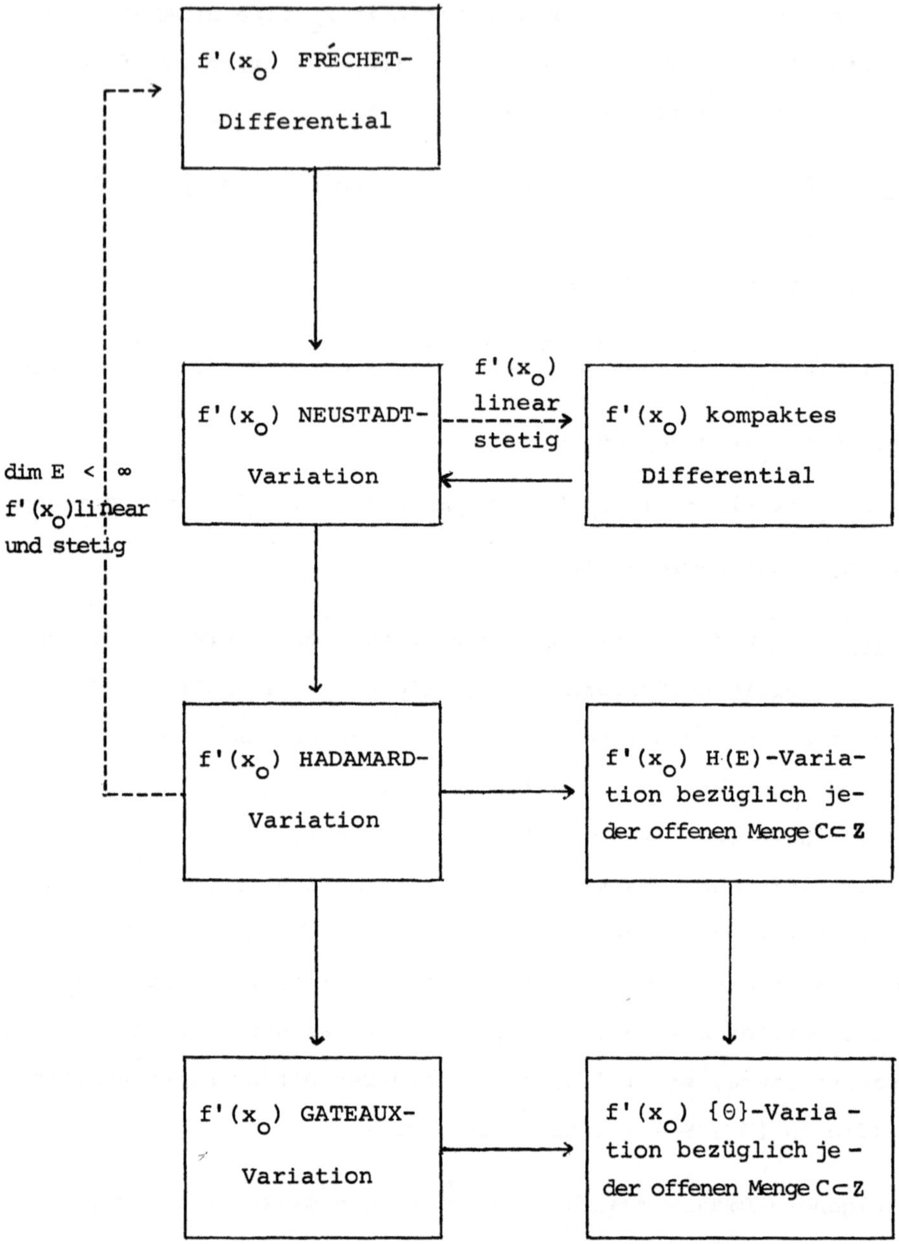
f'(x_o) FRÉCHET-
Differential
f'(x_o)
linear
stetig
f'(x_o) NEUSTADT-
Variation
f'(x_o) kompaktes
Differential
dim E < ∞
f'(x_o) linear
und stetig
f'(x_o) HADAMARD-
Variation
f'(x_o) H(E)-Variation bezüglich jeder offenen Menge C⊂Z
f'(x_o) GATEAUX-
Variation
f'(x_o) {Θ}-Variation bezüglich jeder offenen Menge C⊂Z

Wir betrachten nun einige einfachere Optimierungsprobleme und spezialisieren Satz 2.4.

① E, Z_2 seien Banachräume, Z_1 ein linearer normierter Raum, $Z_o = \mathbb{R}$, $Y_o = [0,\infty)$, $Y_1 \subset Z_1$ ein konvexer Kegel mit $\overset{\circ}{Y}_1 \neq \emptyset$, $X_o = E$ und $x_o \in M := X_1 \cap X_2$. f, g_1 seien in x_o FRÉCHET-differenzierbar, g_2 sei in x_o stetig FRÉCHET-differenzierbar. Ist x_o globales Minimum von f auf M, so existieren $(\alpha, l_1, l_2) \in \mathbb{R} \times Z_1^* \times Z_2'$, $(\alpha, l_1, l_2) \neq \Theta$ mit i) $\alpha \geq 0$, $l_1 \in Y_1^+$

ii) $l_1 \circ g_1(x_o) = 0$

iii) $\alpha f'(x_o) + l_1 \circ g_1'(x_o) + l_2 \circ g_2'(x_o) = \Theta$.

Ist $g_2'(x_o)(E)$ abgeschlossen in Z_2, so ist $l_2 \in Z_2^*$. Das gleiche Ergebnis gilt auch, wenn man Z_2 als endlichdimensionalen normierten Raum voraussetzt und auf die Vollständigkeit von E verzichtet, E also nur als linearen normierten Raum voraussetzt. Wir erhalten hiermit ein Ergebnis von LEMPIO [35]. Eine einheitliche Behandlung der beiden Fälle ($\dim Z_2 < \infty$, E Banachraum) ist in der Literatur bisher nicht zu finden. Bislang wurde der endlichdimensionale Fall mit Hilfe des Satzes über implizite Funktionen behandelt (siehe z.B. LUENBERGER [39]). Ist $Y_1 = Z_1$, so ist $M = X_2$ und wir erhalten die Existenz von $(\alpha, l_2) \in \mathbb{R} \times Z_2'$, $(\alpha, l_2) \neq \Theta$ mit

i) $\alpha \geq 0$

ii) $\alpha f'(x_o) + l_2 \circ g_2'(x_o) = \Theta$.

Ist $g_2'(x_o)(E)$ abgeschlossen in Z_2, so ist $l_2 \in Z_2^*$. Einen Beweis für den Fall $g_2'(x_o)(E) = Z_2$ gab LJUSTERNIK [37] an, siehe auch LJUSTERNIK-SOBOLEV [38], in diesem Falle ist $\alpha > 0$. Ist nun $E = \mathbb{R}^n$, $Z_2 = \mathbb{R}^m$, so erhalten wir die Lagrange'sche Multiplikatorenregel. Es existieren $(\beta_1, \ldots, \beta_m) \in \mathbb{R}^m \setminus \{\Theta\}$ mit

$$\nabla f(x_o) = \sum_{\mu=1}^{m} \beta_\mu \nabla g_2^\mu(x_o), \text{ wenn } g_2 = (g_2^1, \ldots, g_2^m) : \mathbb{R}^n \to \mathbb{R}^m$$

ein surjektives Differential in x_o besitzt, was, wie man sich leicht überlegt, äquivalent mit der linearen Unabhängigkeit der Gradienten $(\nabla g_2^{\mu}(x_o))_{\mu=1,\dots m}$ ist.

Das oben genannte Resultat von LEMPIO verallgemeinert Ergebnisse von HESTENES [21,22] und MANGASARIAN-FROMOWITZ [41], die den Fall $\dim Z_1 < \infty$, $\dim Z_2 < \infty$ untersuchten sowie ein Resultat von JOHN [27], der den Fall $\dim Z_1 < \infty$, $Z_2 = \{\Theta\}$ betrachtete.

② Das 2. Maximumprinzip verallgemeinert auch Ergebnisse bei Vorliegen von expliziten Restriktionen, die von CANON-CULLUM-POLAK [7] ($Z_1=\{\Theta\}$, $\dim Z_2<\infty$), BAZARAA-GOODE [2] ($\dim Z_1<\infty$, $\dim Z_2<\infty$), RITTER [50] ($\dim Z_1\leq\infty$, $\dim Z_2\leq\infty$, X_o konvex), LEMPIO [36] ($\dim Z_1\leq\infty$, $\dim Z_2\leq\infty$) und MASSAM-ZLOBEC [42] erhalten wurden.

③ Bei GIRSANOV [14] wird die DUBOVITSKII-MILYUTIN-Theorie der notwendigen Bedingungen für Optimierungsaufgaben dargestellt. Wendet man diese Theorie auf Optimierungsaufgaben mit expliziten sowie Gleichungs- und Ungleichungsrestriktionen an, so erhält man etwas speziellere Ergebnisse als wir. Verglichen mit GIRSANOV kann PSHENICHNYI[49] schwächere Differenzierbarkeitsforderungen stellen. Von HOFFMANN-KOLUMBAN [23] wird unter abgeschwächten Differenzierbarkeitsvoraussetzungen und der Voraussetzung, daß eine Approximation an X_o in x_o existiert, welche ein linearer Raum ist, ein Maximumprinzip hergeleitet.

④ Wenden wir Satz 2.7 auf den Spezialfall $Z_o = \mathbb{R}$, $Y_o = [0,\infty)$, E, Z_1, Z_2 lineare normierte Räume an und nehmen wir an, daß f, g_1 in x_o konvexe bzw. Y_1-konvexe NEUSTADT-Variationen besitzen, wobei Y_1 ein eigentlicher Kegel in Z_1 mit $\overset{\circ}{Y}_1 \neq \emptyset$ sei, so ist im Falle $B = H(E)$ $T(X_2,x_o) = B_t(X_2,x_o)$ und wir erhalten ein Ergebnis von BAZARAA-GOODE [3].

Dort wird $H = K_i(X_o,x_o) \subset B_z(X_o,x_o)$ gewählt und als konvex angenommen .

Nun wende man Satz 2.8 auf den Spezialfall $Z_o = \mathbb{R}$, $Y_o = [0,\infty)$, E, Z_1 lineare normierte Räume an. $C \subset Z_1$ sei konvex, $C^o \neq \emptyset$ und $Y_1 = \{\Theta\}$ sowie $B = H(E)$. Wählt man nun $K = K_a(f,x_o)$ und setzt K als konvex voraus und ist g_1 in x_o NEUSTADT-differenzierbar, so erhält man wegen $T(X_o,x_o) = B_t(X_o,x_o)$ ein Ergebnis von DAS [12]. Wegen Lemma I 2.3 sind ψ, l_1 sogar stetig. Setzt man auch f als NEUSTADT-differenzierbar in x_o voraus, so erhält man ein Ergebnis von NAGAHISA-SAKAWA [43].

§5 Das Maximumprinzip bei Optimierungsaufgaben mit affin linearen Ungleichungsrestriktionen

Wir wollen in diesem Paragraphen Optimierungsaufgaben betrachten, die als Nebenbedingungen lediglich affin-lineare Ungleichungsrestriktionen haben. Ferner betrachten wir nur den Fall reellwertiger Zielfunktionen. Wir werden zeigen, daß man beim Maximumprinzip den zur Zielfunktion gehörenden Multiplikator als von 0 verschieden annehmen kann, wenn eine gewisse Zusatzbedingung erfüllt ist, die bei entsprechenden endlichdimensionalen Problemen stets gegeben ist. Der hier eingeschlagene Zugang unterscheidet sich grundsätzlich von dem Vorgehen etwa in §2, da der strikte topologische Trennungssatz Satz I 2.5 an entscheidender Stelle benutzt wird.

<u>5.1 Definition:</u> Sei E ein linearer normierter Raum. Eine Teilmenge $Q \subset E^*$ heißt <u>regulär konvex</u>, wenn es zu jedem $l_o \in E^* \setminus Q$ ein $x_o \in E$ und ein $\alpha \in \mathbb{R}$ gibt mit $l_o(x_o) > \alpha \geq l(x_o)$ für alle $l \in Q$.

<u>Bemerkung</u> : Ein linearer normierter Raum E heißt <u>reflexiv</u>, wenn die Abbildung $i : E \to E^{**} := (E^*)^*$, definiert durch $i(x)l = l(x)$ für $l \in E^*$, surjektiv ist.

Ist E ein linearer normierter Raum, $Q \subset E^*$ abgeschlossen (in der Normtopologie von E^*) und konvex sowie $l_o \in E^*$, $l_o \notin Q$, so existiert nach Satz I 2.5 ein Element $y_o \in E^{**}$ und $\alpha \in \mathbb{R}$ mit $y_o(l) \leq \alpha < y_o(l_o)$ für alle $l \in Q$. Ist E reflexiv, so existiert ein $x_o \in E$ mit $i(x_o) = y_o$, so daß $l(x_o) \leq \alpha < l_o(x_o)$ für alle $l \in Q$. D.h.: Ist E ein reflexiver linearer normierter Raum und $Q \subset E^*$ abgeschlossen und konvex, so ist Q regulär konvex.

5.2 Lemma: Z sei ein linearer normierter Raum, $Y \subset Z$ ein abgeschlossener konvexer Kegel. Sei $z_o \in Z$ mit $l(z_o) \geq 0$ für alle $l \in Y^+ \cap Z^*$. Dann ist $z_o \in Y$.

Beweis: Angenommen $z_o \notin Y$. Aus Satz I 2.5 folgt die Existenz von $l_o \in Z^*$ und $\alpha \in \mathbb{R}$ mit $l_o(z_o) < \alpha \leq l_o(z)$ für alle $z \in Y$. Aus Satz I 1.10 i) folgt $l_o \in Y^+$ und $\alpha \leq 0$. Also ist $l_o \in Y^+ \cap Z^*$ und $l_o(z_o) < 0$, ein Widerspruch.

Es folgt das sogenannte MINKOWSKI-FARKAS-Lemma (siehe HURWICZ [25]):

5.3 Satz: Seien E,Z lineare normierte Räume, $Y \subset Z$ ein abgeschlossener konvexer Kegel, $a \in Y$ sowie $T : E \to Z$ eine lineare stetige Abbildung. Sei

$$A_1 := \{l \circ T \in E^* : l \in (Y-a)^+ \cap Z^*\}$$

$$K := \{h \in E : Th \in Y - a\}$$

$$A_2 := K^+ \cap E^*$$

Dann gilt: Ist $\hat{A}_1 := \{(l \circ T, l(a)) \in E^* \times \mathbb{R} : l \in Y^+ \cap Z^*\}$ regulär konvex, so ist $A_1 = A_2$.

Beweis: ① $A_1 \subset A_2$.

Sei $l \circ T \in A_1$, also $l \in (Y-a)^+ \cap Z^*$. Sei $h \in K$. Dann ist $Th \in Y - a$, also $l \circ T(h) \geq 0$, bzw. $l \circ T \in K^+ \cap E^*$.

② $A_2 \subset A_1$.

Angenommen, es existiert ein $l_o \in A_2 \setminus A_1$. Dann ist $(l_o, 0) \notin \hat{A}_1$, denn andernfalls existierte ein $l \in Y^+ \cap Z^*$ mit $l_o = l \circ T$ und $0 = l(a)$. Aus $l \in Y^+$, $l(a) = 0$ folgt aber $l \in (Y-a)^+$ und es wäre $l_o \in A_1$. Da $\hat{A}_1$ regulär konvex ist, existieren $(x_o, t_o) \in E \times \mathbb{R}$; $\gamma \in \mathbb{R}$ mit

$$l_o(x_o) < \gamma \leq l \circ T(x_o) + t_o l(a) = l(Tx_o + t_o a) \text{ für alle}$$

$l \in Y^+ \cap Z^*$.

Da $Y^+ \cap Z^*$ ein Kegel ist mit $\Theta \in Y^+ \cap Z^*$, so folgt $l_o(x_o) < 0 \leq l(Tx_o+t_oa)$ für alle $l \in Y^+ \cap Z^*$. Aus Lemma 5.2 folgt $Tx_o + t_oa \in Y$. Wir machen eine Fallunterscheidung:

<u>1. Fall:</u> $t_o > 0$. Dann ist $T(\frac{x_o}{t_o}) \in Y - a$, also $\frac{x_o}{t_o} \in K$ und

$l_o(x_o) = t_o \cdot l_o(\frac{x_o}{t_o}) \geq 0$, ein Widerspruch zu $l_o(x_o) < 0$

<u>2. Fall:</u> $t_o \leq 0$. Dann ist $Tx_o + a = (Tx_o+t_oa) + (1-t_o)a$

$\in Y + Y \subset Y$, damit $x_o \in K$,

wiederum wegen $l_o \in K^+$ ist $l_o(x_o) \geq 0$, ein Widerspruch.

Damit ist Satz 5.3 bewiesen.

Nun kommen wir zu dem Hauptsatz dieses Paragraphen:

<u>5.4 Satz:</u> E, Z_1 seien lineare normierte Räume, $X_o \subset E$ und $Y_1 \subset Z_1$ seien abgeschlossene konvexe Kegel. $g_1 : E \to Z_1$ sei stetig und affin linear, $X_1 := \{x \in E : g_1(x) \in -Y_1\}$. $x_o \in X_o \cap X_1$ sei $\{\Theta\}$-Minimum der Abbildung $f : E \to \mathbb{R}$. f besitze in x_o eine konvexe stetige $\{\Theta\}$-Variation $f'(x_o)$ bezüglich $(-\infty,0)$, g_1 werde dargestellt in der Form $g_1(x) = g_1'(x_o)x + z_1$ mit linearem stetigem $g_1'(x_o) : E \to Z_1$ und $z_1 \in Z_1$. Die Menge

$$\hat{A}_1 := \{(l_o - l_1 \circ g_1'(x_o), l_o(x_o) - l_1 \circ g_1(x_o)) \in E^* \times \mathbb{R} : l_o \in X_o^+ \cap E^*, l_1 \in Y_1^+ \cap Z_1^*\}$$

sei regulär konvex. Dann existieren $(l_o, l_1) \in E^* \times Z_1^*$ mit

i) $l_o \in X_o^+$, $l_1 \in Y_1^+$

ii) $l_o(x_o) = 0$, $l_1 \circ g_1(x_o) = 0$

iii) $f'(x_o)(h) + l_1 \circ g_1'(x_o)h \geq l_o(h)$ für alle $h \in E$.

<u>Beweis:</u> Sei $B = \{\Theta\}$. Nach Satz 1.6 ist $\{h \in E : f'(x_o)(h) < 0\} \subset B_a(f,x_o)$, nach Lemma 3.4 ist $X_o - x_o \subset B_z(X_o,x_o)$, da g_1 affin linear ist, ist $\{h \in E : g_1'(x_o)h \in -Y_1 - g_1(x_o)\} \subset X_1 - x_o \subset B_t(X_1,x_o)$.

Definiert man also

$$K := \{h \in E : (h, g_1'(x_o)h) \in (X_o - x_o) \times (-Y_1 - g_1(x_o))\},$$

so ist $f'(x_o)(h) \geq 0$ für alle $h \in K$. Damit ist $\{h \in E : (h, f'(x_o)(h)) \in K \times (-\infty, 0)\} = \emptyset$. Wir wenden Lemma 2.1 an, indem wir dort $H := E$, $Z := E \times \mathbb{R}$, $C := -K \times (0,\infty)$ und $Y := \{\Theta_E\} \times [0,\infty)$ setzen und $T : E \to Z$ durch $T(h) = (h, f'(x_o)(h))$ definieren. Wir haben uns zu überzeugen, daß alle Voraussetzungen von Lemma 2.1 erfüllt sind: E, Z sind lineare Räume, $H = E$ ist konvex, Y ist ein konvexer Kegel in Z, $C = -K \times (0,\infty)$ ist konvex, da K konvex, $\Theta_Z \in \overset{\vdash\!\dashv}{C}$, da $\Theta_E \in K$ und $C + Y \subset C$ trivialerweise, ferner ist T offenbar Y-konvex. Es ist leicht zu zeigen, daß $(T(H)+C)$ algebraisch offen ist (denn: Sei $h_o \in E$, $c_o = (-k_o, \alpha_o) \in C$ und $(h,\beta) \in Z$ beliebig. Dann ist

$$\begin{aligned} T(h_o) + c_o + t(h,\beta) = (h_o + th - k_o, f'(x_o)(h_o + th) + {} \\ \alpha_o + (1-t)\, f'(x_o)(h_o) + tf'(x_o)(h + h_o) - f'(x_o)(h_o + th) \\ + t\,\{\beta + f'(x_o)(h_o) - f'(x_o)(h + h_o)\}). \end{aligned}$$

Wählt man also $t_o > 0$ so klein, daß $\alpha_o + t_o\{\beta + f'(x_o)(h_o) - f'(x_o)(h + h_o)\} > 0$, so ist $T(h_o) + c_o + t(h,\beta) \in T(H) + C$, womit $(T(H)+C) = (T(H)+C)^o \neq \emptyset$ gezeigt ist). Lemma 2.1 liefert die Existenz von $(\hat{l}, \alpha) \in -K^+ \times [0,\infty)$ mit $\hat{l}(h) + \alpha f'(x_o)(h) \geq 0$ für alle $h \in E$, $(\hat{l}, \alpha) \neq \Theta$. Wäre $\alpha = 0$, so wäre $\hat{l} = \Theta$, ein Widerspruch. Also ist $\alpha > 0$. Definiert man $\tilde{l} := -\frac{1}{\alpha}\hat{l}$, so ist also $f'(x_o)(h) \geq \tilde{l}(h)$ für alle $h \in E$, aus Lemma I 2.3 bzw. der daran anschließenden Bemerkung folgt $\tilde{l} \in E^*$. Damit ist also

ⓐ $\tilde{l} \in K^+ \cap E^*$

ⓑ $f'(x_o)(h) \geq \tilde{l}(h)$ für alle $h \in E$.

Nun wenden wir Satz 5.3, das MINKOWSKI-FARKAS-Lemma, an. Hierzu definieren wir:

$Z := E \times Z_1$, $Y := X_o \times -Y_1$ (konvexer, abgeschlossener Kegel in Z), $a := (x_o, g_1(x_o))$ $(\in Y)$, $T : E \to Z$ sei definiert durch $Th := (h, g_1'(x_o)h)$ (T ist linear und stetig). Dann ist

$$K = \{h \in E : (h, g_1'(x_o)h) \in (X_o - x_o) \times (-Y_1 - g_1(x_o))\}$$
$$= \{h \in E : Th \in Y - a\}\}.$$

Die Menge $\hat{A}_1 = \{(l \circ T, l(a)) \in E^* \times \mathbb{R} : l \in Y^+ \cap Z^*\}$

$$= \{(l_o - l_1 \circ g_1'(x_o), l_o(x_o) - l_1 \circ g_1(x_o)) \in E^* \times \mathbb{R} : l_o \in X_o^+ \cap E^*, l_1 \in Y_1^+ \cap Z_1^*\}$$

ist nach Voraussetzung regulär konvex, nach Satz 5.3 ist also

$$K^+ \cap E^* = \{l \circ T \in E^* : l \in (Y-a)^+ \cap Z^*\}$$
$$= \{l_o - l_1 \circ g_1'(x_o) \in E^* : l_o \in X_o^+ \cap E^*, l_o(x_o) = 0,$$
$$l_1 \in Y_1^+ \cap Z_1^*, l_1(g_1(x_o)) = 0\}.$$

Wie wir oben gezeigt haben, existiert ein $\tilde{l} \in K^+ \cap E^*$ mit $\tilde{l}(h) \le f'(x_o)(h)$ für alle $h \in E$. Also existieren $(l_o, l_1) \in E^* \times Z_1^*$ mit

i) $l_o \in X_o^+$, $l_1 \in Y_1^+$

ii) $l_o(x_o) = 0$, $l_1(g_1(x_o)) = 0$

iii) $\tilde{l}(h) = l_o(h) - l_1 \circ g_1'(x_o)h \le f'(x_o)(h)$ für alle $h \in E$.

Damit ist Satz 5.4 bewiesen.

<u>Bemerkungen:</u> Ehe wir uns näher überlegen, weshalb bei endlichdimensionalen Problemen die Voraussetzung, daß die Menge $\hat{A}_1$ regulär konvex ist, erfüllt ist, wollen wir uns zwei Spezialfälle von Satz 5.4 näher ansehen:

① Sei f in der Lösung x_o des Optimierungsproblems aus Satz 5.4 GATEAUX-differenzierbar, so daß $f'(x_o) \in E^*$. Die Aussage iii) in Satz 5.4 kann dann verschärft werden zu

iii)' $f'(x_o)h + l_1 \circ g_1'(x_o)h = l_o(h)$ für alle $h \in E$.

Ist darüberhinaus etwa $X_o = E$, treten also keine zusätzlichen expliziten Restriktionen z.B. in Form von Vorzeichenbedingungen auf, so ist notwendig $l_o = \Theta$ und wir erhalten

iii)" $f'(x_o)h + l_1 \circ g_1'(x_o)h = 0$ für alle $h \in E$.

② Sei $f : E \to \mathbb{R}$ konvex und stetig. Dann ist nach Lemma 3.2 $f'(x_o) : E \to \mathbb{R}$ definiert durch $f'(x_o)(h) = f(x_o+h) - f(x_o)$ eine konvexe $\{\Theta\}$-Variation bezüglich $(-\infty,0)$. Die Aussage iii) lautet in diesem Falle, wenn man $h = x - x_o$ setzt:

$$\left.\begin{aligned} &\text{iii)'} \quad f(x) - f(x_o) + l_1 \circ g_1'(x_o)(x-x_o) \geq l_o(x) - l_o(x_o) \\ &\text{bzw.} \quad f(x) - f(x_o) + l_1(g_1(x)-g_1(x_o)) \geq l_o(x) - l_o(x_o) \end{aligned}\right\} \text{für alle } x \in E$$

oder $\quad f(x_o) + l_1 \circ g_1(x_o) - l_o(x_o) \leq f(x) + l_1 \circ g_1(x) - l_o(x)$

für alle $x \in E$.

Hieraus wiederum folgt die Sattelpunktaussage

$$f(x_o) + l_1 \circ g_1(x_o) \leq f(x) + l_1 \circ g_1(x) \text{ für alle } x \in X_o.$$

Nun wollen wir uns auf den endlichdimensionalen Fall spezialisieren. Sei also in Satz 5.4:

$E = \mathbb{R}^n$, $Z_1 = \mathbb{R}^m$, $Y_1 := \{y = (y_1,\ldots,y_m) \in \mathbb{R}^m : y_i \geq 0 \ (i=1,\ldots m)\}$.

Wir wollen uns bei dem Nachweis dafür, daß die Menge $\hat{A}_1$ regulär konvex ist, auf den Fall $X_o = E = \mathbb{R}^n$ beschränken. Ist etwa $X_o = \{x = (x_1,\ldots,x_n) \in \mathbb{R}^n : x_i \geq 0 \ (i=1,\ldots n)\}$, so kann man ganz ähnlich argumentieren. Ferner sei $g_1(x) = Ax - b$ mit einer mxn-Matrix A und $b \in \mathbb{R}^m$. Da $E \times \mathbb{R}$ reflexiv ist als endlichdimensionaler Raum, genügt es wegen der Bemerkung im Anschluß an Definition 5.1 zu zeigen, daß die Menge $\hat{A}_1$ abgeschlossen und konvex ist. Die Konvexität ist trivial, sie folgt schon unter den Voraussetzungen von Satz 5.4. Zu zeigen bleibt die Abgeschlossenheit von $\hat{A}_1$. Wir werden sehen, daß $\hat{A}_1$ ein sogenannter endlich erzeugter oder polyhedraler Kegel ist.

<u>5.5 Definition:</u> Eine Menge $C \subset \mathbb{R}^p$ heißt ein <u>polyhedraler</u> (endlich erzeugter) Kegel, falls eine (reelle) pxm-Matrix B existiert derart, daß $C = \{By : y \in \mathbb{R}^m, y \geq \Theta\}$ $(y = (y_1,\ldots,y_m) \geq \Theta$ bedeutet hierbei natürlich $y_i \geq 0$ für $i=1,\ldots,m)$.

Nun ist (im Falle $X_o = \mathbb{R}^n$)

$\hat{A}_1 = -\{(y^T A, y^T(Ax_o - b)) \in \mathbb{R}^n \times \mathbb{R} : y \in \mathbb{R}^m, y \geq \Theta\}$

$= \{By : y \geq \Theta\}$, wobei B eine (n+1)xm-Matrix ist und

$B^T = -(A \vdots Ax_o - b)$.

Es gilt

<u>5.6 Lemma:</u> Ein polyhedraler Kegel $C \subset \mathbb{R}^p$ ist abgeschlossen.

<u>Beweis:</u> Wir zeigen durch vollständige Induktion nach m, daß ein von m Elementen $b_1, \ldots, b_m$ erzeugter polyhedraler Kegel

$C = \{\sum_{i=1}^{m} y_i b_i : y_i \geq 0\}$ abgeschlossen ist.

Induktionsanfang: m = 1. Dann ist

$$C = C_1 = \{y_1 b_1 : y_1 \geq 0\} .$$

Sei $x^l = y_1^l b_1 \in C_1$, $x^l \to x$. Dann ist $x \in \text{span}\{b_1\}$, also $x = y_1 b_1$. O.B.d.A. ist $b_1 \neq \Theta$. Dann folgt $y_1^l \to y_1$, also $y_1 \geq 0$ und $x \in C_1$.

Induktionsannahme: Ein von m - 1 Elementen erzeugter polyhedraler Kegel ist abgeschlossen.

Wir zeigen, daß dann der von m Elementen erzeugte polyhedrale Kegel $C = \{\sum_{i=1}^{m} b_i y_i : y_i \geq 0\}$ abgeschlossen ist. Sei $\{x^l\} \subset C$, $x^l \to x$.

Angenommen, $x \notin C$. Dann ist $x \notin C_{m-1} := \{\sum_{i=1}^{m-1} y_i b_i : y_i \geq 0\}$.

C_{m-1} ist nach Induktionsannahme abgeschlossen, aus dem strikten Trennungssatz Satz I 2.5 folgt die Existenz von $\bar{l} \in \mathbb{R}^p$, $\gamma \in \mathbb{R}$ mit $\bar{l}^T z \leq \gamma < \bar{l}^T x$ für alle $z \in C_{m-1}$. Aus Lemma I 1.10 i) folgt $\gamma \geq 0$ und $\bar{l}^T z \leq 0 < \bar{l}^T x$ für alle $z \in C_{m-1}$, also ist $\bar{l}^T b_j \leq 0$ für $j = 1, \ldots, m-1$. Wäre auch $\bar{l}^T b_m \leq 0$, so wäre $\bar{l}^T z \leq 0 < \bar{l}^T x$ für $z \in C$, wegen $\{x^l\} \subset C$ und $x^l \to x$ ist dies nicht möglich. Also ist $\bar{l}^T b_m > 0$. Nun setze man

$$\hat{b}_j := (\bar{l}^T b_m) b_j - (\bar{l}^T b_j) b_m \qquad (j=1,\ldots,m-1)$$

$$\hat{x} := (\bar{l}^T b_m) x - (\bar{l}^T x) b_m$$

und definiere $\hat{C}_{m-1} := \{\sum_{i=1}^{m-1} \hat{y}_i \hat{b}_i \; : \; \hat{y}_i \geq 0\}$. Wäre $\hat{x} \in \hat{C}_{m-1}$,

so existieren $\hat{y}_i \geq 0$ (i=1,...,m-1) mit

$$(\bar{l}^T b_m) x - (\bar{l}^T x) b_m = \sum_{j=1}^{m-1} \hat{y}_j (\bar{l}^T b_m) b_j - \sum_{j=1}^{m-1} (\bar{l}^T b_j) b_m \quad \text{bzw.}$$

$$x = \sum_{j=1}^{m-1} \hat{y}_j b_j + \frac{1}{(\bar{l}^T b_m)} \{\bar{l}^T x - \sum_{j=1}^{m-1} \bar{l}^T b_j\} b_m \in C.$$

Also ist $\hat{x} \notin \hat{C}_{m-1}$. Erneute Anwendung der Induktionsannahme und des Trennungssatzes Satz I 2.5 liefert die Existenz von $\hat{l} \in \mathbb{R}^p$ mit $\hat{l}^T \hat{b}_j \leq 0$ (j=1,...m-1), $\hat{l}^T \hat{x} > 0$. Setzt man nun

$\tilde{l} := (\bar{l}^T b_m)\hat{l} - (\hat{l}^T b_m)\bar{l}$, so ist

$\tilde{l}^T b_j = (\bar{l}^T b_m)(\hat{l}^T b_j) - (\hat{l}^T b_m)(\bar{l}^T b_j) = \hat{l}^T \hat{b}_j \leq 0 \quad$ (j=1,...m-1)

$\tilde{l}^T b_m = 0$, ferner ist

$\tilde{l}^T x = (\bar{l}^T b_m)(\hat{l}^T x) - (\hat{l}^T b_m)(\bar{l}^T x) = \hat{l}^T \hat{x} > 0$. Hieraus folgt

$\tilde{l}^T z \leq 0 < \tilde{l}^T x$ für alle $z \in C$, wegen $\{x^l\} \subset C$ und $x^l \to x$ ist dies ein Widerspruch. Also ist $x \in C$ und das Lemma bewiesen.

Damit hat sich die einzige "ernst zu nehmende" Voraussetzung in Satz 5.4 für endlichdimensionale Probleme als überflüssig erwiesen, und die Bemerkungen im Anschluß an Satz 5.4 finden Anwendung. Durch den allgemeinen Differenzierbarkeitsbegriff haben wir den Fall einer konvexen und den einer differenzierbaren Zielfunktion zusammen behandeln können. Im ersten Fall gewinnt man z.B. Sattelaussagen wie bei COLLATZ-WETTERLING [9 S.122 f].

III Anwendungen

§1 Notwendige Optimalitätsbedingungen bei optimalen Steuerungsproblemen

Zunächst wollen wir versuchen, mehr verbal als mathematisch-exakt zu erklären, was ein optimales Steuerungsproblem ist. Ein solches ist durch verschiedene Daten gegeben:

- (a) Prozess
- (b) Anfangszustand des Systems
- (c) Endzustand (Ziel) des Systems
- (d) Steuerbereich

(a)–(d): Diese Daten bestimmen die Menge der zulässigen Lösungen

- (e) Zielfunktion (Kostenfunktional)

Wir wollen der verbalen Erklärung eines optimalen Steuerungsproblems gleich das mathematische Modell gegenüberstellen.

(a) Gegeben sei ein Prozeß, der durch Wahl von Steuerparametern bzw. einer Steuer- oder Kontrollfunktion beeinflußt werden kann. Man stelle sich etwa die Bewegung eines Raumfahrzeuges vor, welche durch das Zünden von Steuerraketen verändert werden kann.

Wir werden uns in diesem Paragraphen auf Prozesse beschränken, die durch ein System von gewöhnlichen Differentialgleichungen etwa

$$\dot{x} = f(x,u,t) \quad , \; t_o \leq t \leq t_1$$

beschrieben werden. Dabei wird die m-Vektorfunktion $u = (u_j)_{j=1,\ldots m}$ als Steuerfunktion bezeichnet, $x = (x_i)_{i=1,\ldots n}$ beschreibt den Zustand des Systems und heißt Trajektorie.

(b) Das System, welches durch den Prozeß verändert bzw. durch die Steuerung beeinflußt wird, ist zu einer <u>vorgegebenen</u> Anfangszeit in einem gewissen <u>Anfangszustand.</u> Wir werden diesen später als fest vorgegeben annehmen, er kann aber auch nur "innerhalb gewisser Grenzen" vorgeschrieben sein.

Die Bewegung eines durch $\dot{x} = f(x,u,t)$ beschriebenen Prozesses ist durch $x(t)$ (Zustand des Systems zur Zeit t) gegeben. Der Anfangszustand des Systems zur Zeit t_o ist daher fest vorgegeben, wenn eine Anfangsbedingung $x(t_o) = x_o$ mit $x_o \in \mathbb{R}^n$ gegeben ist. Der Anfangszustand ist nur "in etwa" gegeben, wenn das System zur Zeit t_o einer Bedingung $x(t_o) \in Q_o$ mit $Q_o \subset \mathbb{R}^n$ genügen muß.

(c) Das System soll durch den Prozeß von einem zulässigen Anfangszustand in einen gewissen <u>Endzustand</u> überführt werden, der wiederum fest oder nur "innerhalb gewisser Grenzen" vorgegeben ist. Zwei Aufgabenstellungen sind möglich: Der Endzustand soll in einer <u>festen</u> Endzeit t_1 angenommen werden oder nur in einem vorgegebenem Endzeitintervall $[t_o, \tilde{t}_1]$.

Der Endzustand ist fest vorgegeben, falls $x(t_1) = x_1$ mit festem $x_1 \in \mathbb{R}^n$ gefordert wird. Der Endzustand ist nur "in etwa" gegeben, wenn das System zur Zeit t_1 einer Bedingung $x(t_1) \in Q_1$ mit $Q_1 \subset \mathbb{R}^n$ genügen muß (auch $Q_1 = \mathbb{R}^n$ ist möglich). Dabei ist, je nach Aufgabenstellung, t_1 fest oder in einem vorgegebenem Intervall. Im letzteren Fall kann Q_1 auch von t_1 abhängen.

(d) Aus technischen Gründen sind i.a. nicht beliebige Steuerungen zulässig, sondern nur solche, deren Werte gewissen Beschränkungen genügen, bzw. einem vorgegebenen Steuerbereich angehören. Besteht die Steuerung z.B. aus einer auf das System wirkenden äußeren Kraft, so ist diese gewöhnlich beschränkt.

Ein Tripel (Zustand, Steuerung, Endzeit) heißt zulässig, wenn das System durch den Prozeß und die gewählte Steuerung vom Anfangszustand in den gewünschten Endzustand überführt wird und die Werte der Steuerung zum Steuerbereich gehören. Wie früher bezeichnen wir die Menge der zulässigen Tripel bzw. Lösungen mit M. M kann leer sein. Ist dies nicht der Fall, so heißt das System steuerbar.

Gewöhnlich ist eine Menge $\Omega \subset \mathbb{R}^m$ (die häufig konvex und abgeschlossen oder sogar kompakt ist), der Steuerbereich, gegeben. Zulässig ist eine Steuerung nur dann, wenn $u(t) \in \Omega$ für alle $t \in [t_o, t_1]$ (häufig nur $u(t) \in \Omega$ für fast alle $t \in [t_o, t_1]$, da Steuerungen auf einer Nullmenge abgeändert werden dürfen).

Ein Tripel (x,u,t_1) aus Trajektorie (Systemzustand), Steuerung und Endzeit heißt zulässig, falls

i) (x,u,t_1) genügt in einem später zu erklärenden Sinne der Differentialgleichung $\dot{x} = f(x,u,t)$ auf $[t_o, t_1]$.

ii) $x(t_o) \in Q_o$, $x(t_1) \in Q_1$

iii) $u(t) \in \Omega$ f.ü. auf $[t_o, t_1]$.

Die Menge der zulässigen Tripel wird mit M bezeichnet.

(e) Auf der Menge M der zulässigen Tripel ist eine Kostenfunktion C gegeben. Ein Tripel aus M heißt <u>optimal</u>, wenn C in diesem Tripel auf M minimal ist.

In dem gewählten Modell hat die Zielfunktion gewöhnlich die folgende Form:

$$C(x,u,t_1) = F(x(t_o),\, x(t_1)) + \int_{t_o}^{t_1} f^o(x(t),\, u(t),\, t)dt$$

mit $F : \mathbb{R}^n \times \mathbb{R}^n \to \mathbb{R}$ und

$f^o : \mathbb{R}^n \times \mathbb{R}^m \times \mathbb{R} \to \mathbb{R}$.

(x^*,u^*,t_1^*) heißt <u>optimal</u>, falls $C(x^*,u^*,t_1^*) \leq C(x,u,t_1)$ für alle $(x,u,t_1) \in M$.

Schon bei der Beschreibung eines optimalen Steuerungsproblems ist klar geworden, daß die zulässigen Punkte des zugehörigen Optimierungsproblems in einem Produktraum liegen. Es liegt daher nahe, daß wir bei der Anwendung des Maximumprinzips auf diese Aufgabe den Begriff der partiellen Differenzierbarkeit benötigen. Wir beschränken uns auf partielle FRÉCHET-Differenzierbarkeit.

<u>1.1 Definition:</u> E_x, E_u und Z seien lineare normierte Räume, $g : E_x \times E_u \to Z$ eine Abbildung sowie $(x^*,u^*) \in E_x \times E_u$. g heißt in (x^*,u^*) <u>partiell nach x FRÉCHET-differenzierbar</u>, falls $g(\cdot,u^*) : E_x \to Z$ in x^* FRÉCHET-differenzierbar ist, das zugehörige Differential wird mit $\frac{\partial}{\partial x} g(x^*,u^*)$ bezeichnet (es ist also $\frac{\partial}{\partial x} g(x^*,u^*) \in L(E_x,Z)$). Entsprechend wird die partielle FRÉCHET-Differenzierbarkeit nach u definiert.

Einen Zusammenhang zwischen dem (totalen) FRÉCHET-Differential und den partiellen FRÉCHET-Differentialen liefert das folgende triviale

<u>1.2 Lemma:</u> Seien E_x, E_u und Z lineare normierte Räume und $f : E_x \times E_u \to Z$ eine in $(x^*,u^*) \in E_x \times E_u$ FRÉCHET-differenzierbare Funktion mit FRÉCHET-Differential $f'(x^*,u^*)$. Dann ist f in (x^*,u^*) auch partiell nach x und u FRÉCHET-differenzierbar und es gilt

$$f'(x^*,u^*)(x,u) = \frac{\partial}{\partial x} f(x^*,u^*)x + \frac{\partial}{\partial u} f(x^*,u^*)u \text{ für alle } (x,u) \in E_x \times E_u .$$

Nun formulieren wir ein abstraktes Maximumprinzip, welches noch große Ähnlichkeit mit Satz II 2.4 besitzt, aber schon auf optimale Steuerungsprobleme zugeschnitten ist. Wir erhalten eine Verallgemeinerung eines Maximumprinzips bei COLONIUS-HINRICHSEN [10].

<u>1.3 Satz:</u> E_x, E_u und Z seien Banachräume, $W_x \subset E_x$ und $W_u \subset E_u$ seien affin lineare abgeschlossene Teilräume. Sei $U \subset W_u$ konvex und $\mathring{U} \neq \emptyset$ relativ zu W_u, $I \subset \mathbb{R}$ sei ein Intervall mit $\mathring{I} \neq \emptyset$. Sei $g : E_x \times E_u \times \mathbb{R} \to Z$ eine Abbildung,
$M := \{(x,u,t_1) \in E_x \times E_u \times \mathbb{R} : (x,u,t_1) \in W_x \times U \times I,\ g(x,u,t_1) = \Theta\}$
und die Abbildung $C : E_x \times E_u \times \mathbb{R} \to \mathbb{R}$ nehme ihr Minimum auf M in einem Punkte $(x^*,u^*,t_1^*) \in M$ an. Sei $t_1^* \in \mathring{I}$, C in (x^*,u^*,t_1^*) FRÉCHET-differenzierbar, g in (x^*,u^*,t_1^*) stetig FRÉCHET-differenzierbar. Dann existiert eine reelle Zahl $\lambda \geq 0$ und ein $l \in Z'$ mit $(\lambda,l) \neq \Theta$ und

i) $[\lambda \frac{\partial}{\partial x} C(x^*,u^*,t_1^*) + l \circ \frac{\partial}{\partial x} g(x^*,u^*,t_1^*)]\,(x) = \Theta$ für alle $x \in W_x - x^*$.

ii) $[\lambda \frac{\partial}{\partial u} C(x^*,u^*,t_1^*) + l \circ \frac{\partial}{\partial u} g(x^*,u^*,t_1^*)]\,(u-u^*) \geq 0$ für alle $u \in U$.

iii) $[\lambda \frac{\partial}{\partial t} C(x^*,u^*,t_1^*) + l \circ \frac{\partial}{\partial t} g(x^*,u^*,t_1^*)] = 0$

Ist darüberhinaus $g'(x^*,u^*,t_1^*)((W_x-x^*) \times (W_u-u^*) \times \mathbb{R}) = Z$ und gibt es $(\hat{x},\hat{u},\hat{t}) \in W_x \times \mathring{U}$ (rel. zu W_u) $\times \mathbb{R}$ mit
$g'(x^*,u^*,t_1^*)(\hat{x}-x^*,\hat{u}-u^*,\hat{t}) = \Theta$, so ist $l \in Z^*$ und $\lambda > 0$.

O.B.d.A. kann in diesem Fall $\lambda = 1$ angenommen werden.

Beweis: Sei $V_x := W_x - x^*$, $V_u := W_u - u^*$ und $E := V_x \times V_u \times \mathbb{R}$. Dann ist E als Produkt abgeschlossener linearer Teilräume von Banachräumen wieder ein Banachraum, als Produktnorm wähle man wie gewöhnlich $\|(x,u,t_1)\| = \max(\|x\|,\|u\|, |t_1|)$. Sei $f : E \to \mathbb{R}$ definiert durch

$$f(x,u,t_1) = C(x+x^*,u+u^*,t_1)$$

und $g_2 : E \to Z$ durch $g_2(x,u,t_1) = g(x+x^*,u+u^*,t_1)$.

Sei $X_o := \{(x,u,t_1) \in E : u \in U - u^*,\ t_1 \in I\}$ und

$X_2 := \{(x,u,t_1) \in E : g_2(x,u,t_1) = \Theta\}$.

Dann nimmt f sein Minimum auf $X_o \cap X_2$ in $(\Theta,\Theta,t_1) \in X_o \cap X_2$ an. Wir wollen Satz II 2.4 anwenden und setzen hierzu $B = H(E)$. Die Differenzierbarkeitsvoraussetzungen sind dann offenbar erfüllt. Setzt man nun $H := V_x \times \mathring{U} - u^* \times \mathbb{R}$, so ist $\mathring{H} = H$, also $H^i \neq \emptyset$ und $H \subset B_Z(X_o,(\Theta,\Theta,t_1^*))$. Satz II 2.4 ist daher anwendbar und liefert die Existenz von $(\lambda,l) \in \mathbb{R} \times Z'$, $(\lambda,l) \neq \Theta$ mit $\lambda \geq 0$ und $\lambda f'(\Theta,\Theta,t_1^*)(x,u,t_1) + l \circ g_2'(\Theta,\Theta,t_1^*)(x,u,t_1) \geq 0$ für alle $(x,u,t_1) \in \overline{\mathring{H}} = \overline{H}$. Nutzt man obige Definition von f und g_2 sowie Lemma 1.2 aus, so erhält man

$$\lambda[\tfrac{\partial}{\partial x} C(x^*,u^*,t_1^*)x + \tfrac{\partial}{\partial u} C(x^*,u^*,t_1^*)u + \tfrac{\partial}{\partial t} C(x^*,u^*,t_1^*)t] +$$
$$l[\tfrac{\partial}{\partial x} g(x^*,u^*,t_1^*)x + \tfrac{\partial}{\partial u} g(x^*,u^*,t_1^*)u + \tfrac{\partial}{\partial t} g(x^*,u^*,t_1^*)t] \geq 0$$

für alle $x \in V_x = W_x - x^*$, $u \in U - u^*$, $t \in \mathbb{R}$.

i) Setze $u = \Theta \in U - u^*$, $t = 0 \in \mathbb{R}$. Dann folgt

$$[\lambda \tfrac{\partial}{\partial x} C(x^*,u^*,t_1^*) + l \circ \tfrac{\partial}{\partial x} g(x^*,u^*,t_1^*)](x) \geq 0 \text{ für alle } x \in W_x - x^*.$$

Da $W_x - x^*$ ein linearer Raum ist, gilt hier sogar das Gleichheitszeichen.

ii) Setze $x = \Theta \in V_x$ und $t = 0 \in \mathbb{R}$. Dann folgt sofort die zweite Behauptung.

iii) Mit $x = \Theta \in V_x$, $u = \Theta \in U - u^*$ folgt die dritte Behauptung.

Aus Korollar II 2.5 folgt die Stetigkeit von $l \in Z'$ falls $g_2'(\Theta,\Theta,t_1^*) : E \to Z$ surjektiv ist, was genau dann der Fall ist, wenn $g'(x^*,u^*,t_1^*)(W_x - x^* \times W_u - u^* \times \mathbb{R}) = Z$. Aus Satz II 2.6 und der Bemerkung 3 im Anschluß daran folgt $\lambda > 0$. Damit ist Satz 1.3 vollständig bewiesen.

Bemerkung: Satz 1.3 ist offenbar auf optimale Steuerungsprobleme mit variabler Endzeit zugeschnitten. Läßt man alle Voraussetzungen und Behauptungen bezüglich des dritten Argumentes t_1, der Endzeit, fort, so erhält man ein Maximumprinzip, das auf optimale Steuerungsprobleme auf einem festen Zeitintervall anwendbar ist.

Als erstes wollen wir nun das Maximumprinzip auf ein optimales Steuerungsproblem auf einem festen Zeitintervall $[t_o, t_1]$ mit fest gegebenem Anfangszustand und Endzustand auf einer gegebenen Mannigfaltigkeit anwenden.

Genauer wollen wir ein Steuerungsproblem betrachten, das durch die folgenden Daten gegeben ist:

ⓐ Prozess: $\dot{x} = f(x,u,t)$

Hierbei sei $f : \mathbb{R}^n \times \mathbb{R}^m \times [t_o, t_1] \to \mathbb{R}^n$ stetig und bezüglich x und u stetig partiell differenzierbar. Es seien

$$f_x = \left(\frac{\partial f_i}{\partial x_j}\right)_{\substack{i=1,\dots,n\\ j=1,\dots,n}} \qquad \text{und} \qquad f_u = \left(\frac{\partial f_i}{\partial u_j}\right)_{\substack{i=1,\dots,n\\ j=1,\dots,m}}$$

die Jacobi-Matrizen von f bezüglich x bzw. u. Diese (bzw. ihre Elemente) seien stetig auf $\mathbb{R}^n \times \mathbb{R}^m \times [t_o, t_1]$.

Wir müssen nun erklären , welche Paare (x,u) wir Lösungen des Differentialgleichungssystems nennen.

Hierzu müssen wir einige Funktionenräume einführen:

i) $C_n[t_o, t_1]$ sei die Menge der auf $[t_o, t_1]$ stetigen n-Vektorfunktionen $x = \begin{pmatrix} x_1 \\ \vdots \\ x_n \end{pmatrix}$ mit $x_i \in C[t_o, t_1]$. Auf $C_n[t_o, t_1]$ definiere man die Norm

$$\|x\|_\infty = \max_{t \in [t_o, t_1]} |x(t)| ,$$

wobei $|\ |$ die euklidische Vektornorm im $\mathbb{R}^n$ sei. $(C_n[t_o,t_1], \|.\|_\infty)$ ist dann bekanntlich ein Banachraum.

ii) $L_n^\infty[t_o, t_1]$ sei die Menge der meßbaren, im wesentlichen beschränkten n-Vektorfunktionen. Definiert man auf $L_n^\infty[t_o, t_1]$ die Norm $\|x\|_\infty = \operatorname{ess\,sup}_{t \in [t_o, t_1]} |x(t)|$, so ist $(L_n^\infty[t_o,t_1], \|.\|_\infty)$ ein Banachraum.

iii) $AC_n[t_o, t_1]$ sei die Menge der auf $[t_o, t_1]$ absolut stetigen n-Vektorfunktionen, d.h.: Zu $x \in AC_n[t_o, t_1]$ gibt es eine integrierbare n-Vektorfunktion y mit

$$x(t) = x(t_o) + \int_{t_o}^{t} y(s)ds \quad \text{für alle} \quad t \in [t_o, t_1].$$

Offenbar ist $AC_n[t_o, t_1] \subset C_n[t_o, t_1]$. Es kann gezeigt werden (siehe z.B. KOLMOGOROFF-FOMIN [31]) : Ist $x \in AC_n[t_o, t_1]$, so ist x f.ü. differenzierbar auf $[t_o, t_1]$ und es ist $\dot{x}(t) = y(t)$ f.ü. auf $[t_o, t_1]$, falls

$$x(t) = x(t_o) + \int_{t_o}^{t} y(s)ds.$$

iv) $W_n^{1,\infty}[t_o, t_1] := \{x \in AC_n[t_o, t_1] \ : \ \dot{x} \in L_n^\infty[t_o, t_1]\}$. Auf $W_n^{1,\infty}[t_o, t_1]$ definiere man eine Norm durch $\|x\| = \max(\|x\|_\infty, \|\dot{x}\|_\infty)$.

Dann ist $(W_n^{1,\infty}[t_o,t_1],\|.\|)$ ein Banachraum! Zu zeigen ist offenbar nur die Vollständigkeit:

Sei $\{x^k\} \subset W_n^{1,\infty}[t_o, t_1]$ eine Cauchyfolge. Dann ist $\{x^k\}$ eine Cauchyfolge in $C_n[t_o, t_1]$ und $\{\dot{x}^k\}$ eine Cauchyfolge in $L_n^\infty[t_o, t_1]$, so daß $x \in C_n[t_o, t_1]$, $y \in L_n^\infty[t_o, t_1]$, mit $\|x^k - x\|_\infty \to 0$, $\|\dot{x}^k - y\|_\infty \to 0$ existieren. Es ist

$$x^k(t) - x^k(t_o) = \int_{t_o}^{t} \dot{x}^k(s)ds \quad \text{für jedes } t \in [t_o, t_1].$$

Bei festem t konvergiert die linke Seite gegen $x(t) - x(t_o)$, die rechte wegen

$$\left|\int_{t_o}^{t} (\dot{x}^k(s)-y(s))ds\right| \leq \int_{t_o}^{t} |\dot{x}^k(s) - y(s)|ds$$

$\leq (t_1-t_o)\,\|\dot{x}^k - y\|_\infty$ gegen $\int_{t_o}^{t} y(s)ds$. Also ist

$x(t) = x(t_o) + \int_{t_o}^{t} y(s)ds$, daher $x \in W_n^{1,\infty}[t_o, t_1]$ und

$\|x^k - x\| \to 0$, womit die Behauptung bewiesen ist.

Wir sagen nun, ein Paar $(x,u) \in W_n^{1,\infty}[t_o, t_1] \times L_m^\infty[t_o, t_1]$ genüge der Differentialgleichung $\dot{x} = f(x,u,t)$, falls $\dot{x}(t) = f(x(t),u(t),t)$ fast überall auf $[t_o, t_1]$.

(b) Anfangszustand: $x(t_o) = x_o$ mit gegebenem $x_o \in \mathbb{R}^n$.

(c) Endzustand: Sei $Q_1 := \{x \in \mathbb{R}^n : G(x) = \Theta\}$, wobei $G : \mathbb{R}^n \to \mathbb{R}^r$ stetig differenzierbar ist.

$$G_x = \left(\frac{\partial G_i}{\partial x_j}\right)_{\substack{i=1,\dots r\\ j=1,\dots n}}$$ ist die zugehörige Jacobi-Matrix.

Ist z.B. $r = n$ und $G(x) = x - x_1$ mit gegebenem $x_1 \in \mathbb{R}^n$, so ist $x(t_1) \in Q_1$ äquivalent zu $x(t_1) = x_1$. Ist $G = \Theta$, so ist $Q_1 = \mathbb{R}^n$ und dies entspricht dem Fall, daß keine Endbedingungen gegeben sind.

(d) <u>Steuerbereich:</u> Sei $\Omega \subset \mathbb{R}^m$ eine konvexe Teilmenge.

(e) <u>Zielfunktion:</u> Sei $C(x,u) = F(x(t_1)) + \int_{t_o}^{t_1} f^o(x(t),u(t),t)dt$,

wobei $F : \mathbb{R}^n \to \mathbb{R}$ stetig differenzierbar, $F_x = \left(\frac{\partial F}{\partial x_j}\right)$ $j=1,\ldots n$

sei der Gradient von F. $f^o : \mathbb{R}^n \times \mathbb{R}^m \times [t_o, t_1] \to \mathbb{R}$ sei stetig und bezüglich x,u stetig partiell differenzierbar, f^o_x bzw. f^o_u seien die Gradienten von f^o bezüglich x bzw. u, diese seien stetig auf $\mathbb{R}^n \times \mathbb{R}^m \times [t_o, t_1]$.

Auf dieses Steuerungsproblem wollen wir nun Satz 1.3 anwenden. Wir werden es zunächst in eine abstrakte Optimierungsaufgabe umformulieren und nach Anwendung von Satz 1.3 die notwendigen Bedingungen weiter entwickeln. Erst am Schluß werden wir die erhaltenen Ergebnisse in einem Satz zusammenstellen.

(i) Sei $E_x := W_n^{1,\infty}[t_o, t_1]$, $E_u := L_m^\infty [t_o, t_1]$ und $Z := L_n^\infty [t_o, t_1] \times \mathbb{R}^r$. Dies sind jeweils Banachräume.

(ii) Sei $W_x := \{x \in E_x : x(t_o) = x_o\}$

$W_u := \{u \in E_u : u(t) \in \text{aff}(\Omega) \text{ f.ü. auf } [t_o, t_1]\}$

Dann sind W_x, W_u affin lineare Teilräume von E_x bzw. E_u. Die Abgeschlossenheit von W_x ist trivial, da $\text{aff}(\Omega) \subset \mathbb{R}^m$ abgeschlossen ist, ist auch W_u abgeschlossen.

(iii) Sei $U := \{u \in W_u : u(t) \in \Omega \text{ f.ü. auf } [t_o, t_1]\}$.

Dann ist U offensichtlich konvex. Wir zeigen: $\mathring{U} \neq \emptyset$ relativ zu W_u. Es ist $\Omega^o = \mathring{\Omega} \neq \emptyset$ relativ zu $\text{aff}(\Omega)$, sei $p \in \mathring{\Omega}$ (rel. zu aff (Ω)) und $u_o(t) := p$ für alle $t \in [t_o, t_1]$.

Es existiert ein $\rho > 0$ derart, daß

$$\{q \in \mathbb{R}^m : |q - p| < \rho\} \cap \text{aff}(\Omega) \subset \Omega.$$

Wir wollen zeigen, daß

$$\{v \in E_u : \| v - u_o \|_\infty < \rho\} \cap W_u \subset U.$$

Denn ist $v \in W_u$ und $\|v - u_o\|_\infty < \rho$, so ist $|v(t) - u_o(t)| = |v(t) - p| < \rho$ und $v(t) \in \text{aff}(\Omega)$ f.ü. auf $[t_o, t_1]$ und damit $v(t) \in \Omega$ f.ü. auf $[t_o, t_1]$.

(iv) $g : E_x \times E_u \to Z$ sei definiert durch $g(x,u) = (\dot{x}(\cdot)-f(x(\cdot),u(\cdot),\cdot), G(x(t_1)))$, wobei "$\circ$" für die unabhängige Variable t steht.
Die Bedingung $g(x,u) = \Theta$ ist dann also gleichbedeutend damit, daß das Paar (x,u) der Differentialgleichung genügt, die den Prozeß beschreibt und der Endzustand des Systems auf der vorgegebenen Mannigfaltigkeit liegt.

(v) Die Zielfunktion $C : E_x \times E_u \to \mathbb{R}$ ist gegeben durch

$$C(x,u) = F(x(t_1)) + \int_{t_o}^{t_1} f^o(x(t),u(t),t)dt.$$

Es sei (x^*,u^*) nun Lösung des durch obige Daten gegebenen optimalen Steuerungsproblems. Dies ist gleichbedeutend damit, daß C sein Minimum auf $M := \{(x,u) \in E_x \times E_u : (x,u) \in W_x \times U, g(x,u) = \Theta\}$ in $(x^*,u^*) \in M$ annimmt.

Wir müssen nun noch die stetige FRÉCHET-Differenzierbarkeit von C und g in (x^*,u^*) nachweisen. Um z.B. die FRÉCHET-Differenzierbarkeit von $C : W_n^{1,\infty}[t_o, t_1] \times L_m^\infty[t_o, t_1] \to \mathbb{R}$ zu zeigen, genügt es, die FRÉCHET-Differenzierbarkeit von $C : C_n[t_o, t_1] \times L_m^\infty[t_o, t_1] \to \mathbb{R}$ nachzuweisen (da $\|x\|_\infty \le \|x\|$ für alle $x \in W_n^{1,\infty}[t_o, t_1]$). Wir fassen die entsprechenden Ergebnisse in einem Lemma zusammen:

<u>1.4 Lemma:</u> ⓐ Die Abbildung $C : C_n[t_o, t_1] \times L_m^\infty[t_o, t_1] \to \mathbb{R}$ definiert durch $C(x,u) = F(x(t_1)) + \int_{t_o}^{t_1} f^o(x(t),u(t),t)dt$ ist unter den gegebenen Voraussetzungen an F, f^o in (x^*,u^*) FRÉCHET-differenzierbar und es ist

$$C'(x^*,u^*)(x,u) = F_x(t_1)x(t_1) + \int_{t_o}^{t_1}\{f_x^o(t)x(t) + f_u^o(t)u(t)\}dt$$

(wobei zur Abkürzung gesetzt wird $F_x(t_1) = F_x(x^*(t_1))$, $f_x^o(t) = f_x^o(x^*(t),u^*(t),t)$ und $f_u^o(t) = f_u^o(x^*(t),u^*(t),t)$)

ⓑ Die Abbildung $g: W_n^{1,\infty}[t_o, t_1] \times L_m^\infty [t_o, t_1] \to L_n^\infty [t_o, t_1] \times \mathbb{R}^r$, definiert durch $g(x,u) = (\dot{x} - f(x(\cdot),u(\cdot),\cdot), G(x(t_1)))$, ist unter den gegebenen Voraussetzungen an f, G in (x^*,u^*) stetig FRÉCHET-differenzierbar und es ist

$$g'(x^*,u^*)(x,u) = (\dot{x} - f_x(\cdot)x - f_u(\cdot)u, G_x(t_1)\, x(t_1)).$$

(wobei zur Abkürzung gesetzt ist: $f_x(\cdot) = f_x(x^*(\cdot),u^*(\cdot),\cdot)$, $f_u(\cdot)$ entsprechend und $G_x(t_1) = G_x(x^*(t_1)))$.

Beweis: Zunächst bemerken wir, daß wir als Norm in einem Produktraum $E_1 \times E_2$ stets $\|(x,u)\|_{E_1 \times E_2} = \max(\|x\|_{E_1}, \|u\|_{E_2})$ wählen. Ferner bezeichnen wir mit $|\ \ |$ stets die euklidische Vektornorm oder die zugehörige Matrixnorm im $\mathbb{R}^n$, $\mathbb{R}^m$ oder $\mathbb{R}^r$.

ⓐ Die Linearität von $C'(x^*,u^*)$ ist offensichtlich. Wir zeigen, daß $C'(x^*,u^*) : C_n[t_o, t_1] \times L_m^\infty[t_o, t_1] \to \mathbb{R}$ stetig ist. Nun ist

$$|C'(x^*,u^*)(x,u)| \le |F_x(t_1)|\,|x(t_1)| + \int_{t_o}^{t_1}\{|f_x^o(t)|\,|x(t)| + |f_u^o(t)|\,|u(t)|\}dt$$

Es existieren Konstanten $C_1, C_2 > 0$ mit $|f_x^o(t)| \le C_1$, $|f_u^o(t)| \le C_2$ f.ü. auf $[t_o, t_1]$ und damit wird

$$|C'(x^*,u^*)(x,u)| \le |F_x(t_1)|\,\|x\|_\infty + (t_1 - t_o)\{C_1\|x\|_\infty + C_2\|u\|_\infty\}$$
$$\le C_3\ \|(x,u)\| \text{ mit einer Konstanten } C_3, \text{ womit}$$

die Stetigkeit von $C'(x^*,u^*)$ bewiesen ist.

Sei nun für $(x,u) \in C_n[t_o, t_1] \times L_m^\infty [t_o, t_1]$, $(x,u) \neq \Theta$ definiert

$$\Delta(x,u) := \frac{1}{\|(x,u)\|}\{C(x^*+x,u^*+u) - C(x^*,u^*) - C'(x^*,u^*)(x,u)\}$$

$$= \frac{1}{\|(x,u)\|}\{F(x^*(t_1)+x(t_1)) - F(x^*(t_1)) - F_x(x^*(t_1))\, x(t_1)\}$$

$$+ \frac{1}{\|(x,u)\|} \int_{t_o}^{t_1} \{ f^o(x^*(t)+x(t),u^*(t)+u(t),t) - f^o(x^*(t),u^*(t),t)$$

$$- f^o_x(x^*(t),u^*(t),t)x(t) - f^o_u(x^*(t),u^*(t),t)u(t) \}dt$$

$$= \frac{1}{\|(x,u)\|} \{ (F_x(x^*(t_1)+\theta_1 x(t_1)) - F_x(x^*(t_1)) \} x(t_1)$$

$$+ \frac{1}{\|(x,u)\|} \int_{t_o}^{t_1} \{ (f^o_x(x^*(t)+\theta(t)x(t),u^*(t)+\theta(t)u(t),t) - f^o_x(x^*(t),u^*(t),t)) x(t) \}$$

$$+ \{ (f^o_u(x^*(t)+\theta(t)x(t),u^*(t)+\theta(t)u(t),t) - f^o_u(x^*(t),u^*(t),t))u(t) \}dt$$

mit $\theta_1, \theta(t) \in [0,1]$ durch Anwendung des Mittelwertsatzes.

Sei nun $Q := \{(p,q,t) \in \mathbb{R}^n \times \mathbb{R}^m \times [t_o, t_1] :$

$$|p|, |q| \leq \|(x^*,u^*)\| + 1\}$$

Dann ist Q kompakt, F_x, f^o_x, f^o_u sind nach Voraussetzung stetig, also auf der kompakten Menge Q gleichmäßig stetig. Dann gibt es zu jedem $\varepsilon > 0$ ein $\delta \in (0,1]$ mit

i) $|F_x(\tilde{p}_1) - F_x(\tilde{p}_2)| \leq \frac{\varepsilon}{2}$ falls $|\tilde{p}_1 - \tilde{p}_2| \leq \delta$ und
$|\tilde{p}_1|, |\tilde{p}_2| \leq \|(x^*,u^*)\| + 1$

ii) $|f^o_x(p_1,q_1,t) - f^o_x(p_2,q_2,t)| \leq \frac{\varepsilon}{4(t_1-t_o)}$

iii) $|f^o_u(p_1,q_1,t) - f^o_u(p_2,q_2,t)| \leq \frac{\varepsilon}{4(t_1-t_o)}$

(ii und iii) falls $(p_i,q_i,t) \in Q$ $(i=1,2)$ und $|p_1 - p_2|, |q_1 - q_2| \leq \delta$

Sei nun $\|(x,u)\| \leq \delta$. Dann ist

$(x^*(t),u^*(t),t))$, $(x^*(t)+\theta(t)x(t),u^*(t)+\theta(t)u(t),t) \in Q$ für fast alle $t \in [t_o, t_1]$ und

$|x^*(t_1)|$, $|x^*(t_1) + \theta_1 x(t_1)| \leq \|(x^*,u^*)\| + 1$, ferner

$|x^*(t) + \theta(t)x(t) - x^*(t)| = \theta(t)|x(t)| \leq \|x\|_\infty \leq \|(x,u)\| \leq \delta$ und

$|u^*(t) + \theta(t)u(t) - u^*(t)| = \theta(t)|u(t)| \leq \|u\|_\infty \leq \|(x,u)\| \leq \delta$

für fast alle $t \in [t_o, t_1]$. Nach Wahl von δ ist daher

$$|\Delta(x,u)| \leq \frac{1}{\|(x,u)\|} \cdot \frac{\varepsilon}{2} \cdot \|x\|_\infty +$$

$$\frac{1}{\|(x,u)\|} \circ \int_{t_o}^{t_1} \frac{\varepsilon}{4(t_1-t_o)} \{\|x\|_\infty + \|u\|_\infty\}dt$$

$$\leq \varepsilon \text{ für } \|(x,u)\| \leq \delta$$

Damit ist gezeigt, daß $C'(x^*,u^*)$ wirklich das FRÉCHET-Differential von C an der Stelle (x^*,u^*) ist und die erste Behauptung ist bewiesen.

ⓑ Der Einfachheit halber wollen wir, um Schreibarbeit zu sparen, die letzte, "harmlose" Komponente bei der Definition von g unterdrücken, nehmen also an, g sei definiert durch

$$g(x,u) = \dot{x}(\cdot) - f(x(\circ)u(\circ),\cdot),\ g : W_n^{1,\infty}[t_o, t_1] \times L_m^\infty[t_o, t_1] \to$$

$L_n^\infty[t_o, t_1]$. Wir wollen zeigen, daß unter den gegebenen Voraussetzungen an f die FRÉCHET-Ableitung von g an der Stelle (x^*,u^*) durch

$$g'(x^*,u^*)(x,u)(t) = \dot{x}(t) - f_x(x^*(t),u^*(t),t)x(t) - f_u(x^*(t),u^*(t),t)u(t)$$

gegeben ist.

Die Linearität von $g'(x^*,u^*)$ ist klar, wir zeigen zunächst die Stetigkeit: Es ist

$|g'(x^*,u^*)(x,u)(t)| \leq \|\dot{x}\|_\infty + C_1 \cdot \|x\|_\infty + C_2 \|u\|_\infty$ für fast alle $t \in [t_o, t_1]$, so daß $\|g'(x^*,u^*)(x,u)\|_\infty \leq C_3 \|(x,u)\|$ für alle $(x,u) \in W_n^{1,\infty}[t_o, t_1] \times L_m^\infty[t_o, t_1]$, mit $|f_x(x^*(t),u^*(t),t)| \leq C_1$, $|f_u(x^*(t),u^*(t),t)| \leq C_2$ für fast alle $t \in [t_o, t_1]$ und $C_3 = (1+C_1+C_2)$, womit die Stetigkeit bewiesen ist. Für $(x,u) \in W_n^{1,\infty}[t_o, t_1] \times L_m^\infty[t_o, t_1]$, $(x,u) \neq \Theta$ und $t \in [t_o, t_1]$ definiere man

$$\Delta(x,u)(t) = \frac{1}{\|(x,u)\|}\{g(x^*+x,u^*+u) - g(x^*,u^*) - g'(x^*,u^*)(x,u)\}(t)$$

$$= - \frac{1}{\|(x,u)\|} \{f(x^*(t)+x(t),u^*(t)+u(t),t) - f(x^*(t),u^*(t),t)$$
$$- f_x(x^*(t),u^*(t),t)\, x(t) - f_u(x^*(t),u^*(t),t)\, u(t)\}$$

Daher ist

$$|\Delta(x,u)(t)| \le \sup_{s\in[0,1]} \{|f_x(x^*(t)+s\,x(t),u^*(t)+s\,u(t),t) - f_x(x^*(t),u^*(t),t)|$$
$$+|f_u(x^*(t)+s\,x(t),u^*(t)+s\,u(t),t) - f_u(x^*(t),u^*(t),t)|\}$$

für fast alle $t \in [t_o, t_1]$

durch Anwendung des verallgemeinerten Mittelwertsatzes für vektorwertige differenzierbare Abbildungen.

Nun schließe man ähnlich weiter wie in Teil ⓐ : Sei

$Q := \{(p,q,t) \in \mathbb{R}^n \times \mathbb{R}^m \times [t_o, t_1]: |p|,|q| \le \|(x^*,u^*)\| + 1\}$.

Q ist kompakt, f_x und f_u also auf Q gleichmäßig stetig.

Dann gibt es zu vorgegebenem $\varepsilon > 0$ ein $\delta \in (0,1]$ mit

$$\left.\begin{array}{ll} \text{i)} & |f_x(p_1,q_1,t) - f_x(p_2,q_2,t)| \le \frac{\varepsilon}{2} \\ \text{ii)} & |f_u(p_1,q_1,t) - f_u(p_2,q_2,t)| \le \frac{\varepsilon}{2} \end{array}\right\} \begin{array}{l} \text{falls } (p_i,q_i,t) \in Q \\ |p_1 - p_2|,|q_1 - q_2| \le \delta \end{array}$$

Sei nun $\|(x,u)\| \le \delta$ und $s \in [0,1]$. Dann ist

$(x^*(t),u^*(t),t)$, $(x^*(t)+s\,x(t),u^*(t)+s\,u(t),t) \in Q$ für fast alle $t \in [t_o, t_1]$ und $|x^*(t) + s\,x(t) - x^*(t)| = s|x(t)| \le \|x\| \le \|(x,u)\| \le \delta$

sowie $|u^*(t) + s\,u(t) - u^*(t)| = s|u(t)| \le \|u\|_\infty \le \|(x,u)\| \le \delta$

für fast alle $t \in [t_o, t_1]$. Nach Wahl von δ ist daher $|\Delta(x,u)(t)| \le \varepsilon$ für fast alle $t \in [t_o, t_1]$ falls $\|(x,u)\| \le \delta$ und daher $\|\Delta(x,u)\|_\infty \le \varepsilon$ für $\|(x,u)\| \le \delta$, womit gezeigt ist, daß g an der Stelle (x^*,u^*) FRÉCHET-differenzierbar ist und $g'(x^*,u^*)$ das FRÉCHET-Differential ist.

Zu zeigen bleibt die stetige FRÉCHET-Differenzierbarkeit von g in (x^*,u^*). Klar ist die FRÉCHET-Differenzierbarkeit in einer Umgebung von (x^*,u^*).

Sei $\varepsilon > 0$ beliebig vorgegeben, Q und $\delta \in (0,1]$ seien wie oben bestimmt.

$(x,u) \in W_n^{1,\infty}[t_o, t_1] \times L_m^{\infty}[t_o, t_1]$ sei beliebig,

$(\bar{x},\bar{u}) \in W_n^{1,\infty}[t_o, t_1] \times L_m^{\infty}[t_o, t_1]$ ein Element mit

$\|(\bar{x},\bar{u}) - (x^*,u^*)\| \le \delta$. Dann ist auch

$(\bar{x}(t),\bar{u}(t),t) \in Q$ und $|\bar{x}(t) - x^*(t)|$, $|\bar{u}(t) - u^*(t)| \le \delta$

für fast alle $t \in [t_o, t_1]$ und daher gilt

$$|(g'(x^*,u^*) - g'(\bar{x},\bar{u}))(x,u)(t)| =$$

$$|(f_x(x^*(t),u^*(t),t) - f_x(\bar{x}(t),\bar{u}(t),t))\,x(t) + (f_u(x^*(t),u^*(t),t) - f_u(\bar{x}(t),\bar{u}(t),t))\,u(t)|$$

$$\le \frac{\varepsilon}{2}\|x\|_\infty + \frac{\varepsilon}{2}\|u\|_\infty \le \varepsilon\,\|(x,u)\| \quad \text{für fast alle } t \in [t_o, t_1],$$

damit ist

$$\|(g'(x^*,u^*) - g'(\bar{x},\bar{u}))(x,u)\|_\infty \le \varepsilon \cdot \|(x,u)\| \text{ und}$$

$$\|g'(x^*,u^*) - g'(\bar{x},\bar{u})\| \le \varepsilon \quad \text{falls } \|(x^*,u^*) - (\bar{x},\bar{u})\| \le \delta,$$

womit auch die stetige FRÉCHET-Differenzierbarkeit bewiesen ist.

Nun sind alle Voraussetzungen von Satz 1.3 erfüllt. Dieser Satz liefert uns die Existenz von $\lambda \ge 0$ und $\hat{l} = (l,\mu) \in L_n^\infty[t_o, t_1]' \times \mathbb{R}^r$ mit $(\lambda,\hat{l}) \neq \Theta$ und

i) $$[\lambda \frac{\partial}{\partial x} C(x^*,u^*) + \hat{l}\circ\frac{\partial}{\partial x} g(x^*,u^*)](x) = 0 \text{ für alle } x \in W_x - x^* = \{x \in W_n^{1,\infty}[t_o, t_1] : x(t_o) = \Theta\}$$

und

ii) $$[\lambda \frac{\partial}{\partial u} C(x^*,u^*) + \hat{l}\circ\frac{\partial}{\partial u} g(x^*,u^*)](u-u^*) \ge 0 \text{ für alle } u \in U.$$

ⓐ Wir sehen uns zunächst einmal i) genauer an: Anwendung von Lemma 1.4 liefert:

$$\lambda\{F_x(t_1)x(t_1) + \int_{t_o}^{t_1} f_x^o(t)x(t)\,dt\} + l(\dot{x} - f_x(\cdot)x) + \mu^T G_x(t_1)\,x(t_1) = 0$$
$$\text{für alle } x \in W_n^{1,\infty}[t_o, t_1] \text{ mit } x(t_o) = \Theta..$$

Wir versuchen, das lineare Funktional l "auszurechnen". Hierzu dient folgendes Lemma:

1.5 Lemma: Sei $B(t) = (b_{ij}(t))$ eine n x n-Matrix mit Elementen $b_{ij} \in L^\infty[t_o, t_1]$ für $i,j = 1,\ldots n$. Dann besitzt das lineare Differentialgleichungssystem

$$\dot{x} - B(t)x = h(t)$$

für jedes $h \in L_n^\infty[t_o, t_1]$ genau eine Lösung $x \in W_n^{1,\infty}[t_o, t_1]$ mit $x(t_o) = \Theta$. Diese läßt sich darstellen in der Form

$$x(t) = \Phi(t) \int_{t_o}^{t} \Phi^{-1}(s)\, h(s)\, ds,$$

wobei die n x n-Matrix Φ die eindeutige Lösung von

$$\dot{\Phi} - B(t)\Phi = \Theta \;, \; \Phi(t_o) = I$$

(I = n x n - Einheitsmatrix) ist.

Beweis: Dies ist, zumindest für stetige B, h, ein wohlbekannter Satz aus der Theorie der linearen Differentialgleichungssysteme. Siehe z.B. HERMES-LA SALLE [20, S.36 f.].

Anwendung von Lemma 1.5 liefert

$$l(h) + (\lambda F_x(t_1)+\mu^T G_x(t_1))\, \Phi(t_1) \int_{t_o}^{t_1} \Phi^{-1}(t)\, h(t)\, dt \; +$$

$$\lambda \int_{t_o}^{t_1} f_x^o(t)\, \Phi(t) \int_{t_o}^{t} \Phi^{-1}(s)\, h(s)\, ds\, dt = 0 \quad \text{für alle}$$

$$h \in L_n^\infty[t_o, t_1].$$

Den letzten Summanden integrieren wir partiell und erhalten

$$l(h) + \int_{t_o}^{t_1} \{(\lambda F_x(t_1)+ \mu^T G_x(t_1))\, \Phi(t_1) + \lambda \int_{t}^{t_1} f_x^o(s)\, \Phi(s)\, ds\}\, \Phi^{-1}(t)\, h(t)\, dt = 0$$

$$\text{für alle } h \in L_n^\infty[t_o, t_1].$$

Hiermit haben wir l ausgerechnet und sogar erhalten, daß l ein stetiges lineares Funktional auf $L_n^\infty[t_o, t_1]$ ist.

Nun definiere man

$$\eta(t) := - \{(\lambda F_x(t_1)+\mu^T G_x(t_1))\, \Phi(t_1) + \lambda \int_{t}^{t_1} f_x^o(s)\, \Phi(s)\, ds\}\, \Phi^{-1}(t) \,,$$

so daß

$$l(h) = \int_{t_o}^{t_1} \eta(t)\, h(t)\, dt \quad \text{für alle} \quad h \in L_n^\infty[t_o,\, t_1].$$

und es ist $\eta \in W_n^{1,\infty}[t_o,\, t_1]$ mit

$$1. \quad -\dot{\eta}(t) = -\{(\lambda F_x(t_1)+\mu^T G_x(t_1))\,\Phi(t_1) + \lambda\int_t^{t_1} f_x^o(s)\,\Phi(s)\, ds\}\,\Phi^{-1}(t)\dot{\Phi}(t)\,\Phi^{-1}(t)$$
$$- \lambda f_x^o(t) \quad \text{bzw.}$$

$$-\dot{\eta} = \eta(t)\, f_x(t) - \lambda f_x^o(t) \quad \text{f.ü. auf } [t_o,\, t_1]$$

$$2. \quad -\eta(t_1) = \lambda F_x(t_1) + \mu^T G_x(t_1)\,.$$

Ferner ist $(\lambda,\eta) \neq \Theta$ falls Rang $G_x(t_1) = r$. Denn ist $(\lambda,\eta) = \Theta$ so ist $(\lambda,l) = \Theta$ und $\mu = \Theta$ wegen $\mu^T G_x(t_1) = \Theta$, also $(\lambda,l,\mu) = \Theta$, ein Widerspruch.

(b) Nun werten wir ii) aus: Anwendung von Lemma 1.4 liefert

$$\lambda\int_{t_o}^{t_1} f_u^o(t)\,(u(t)-u^*(t))\,dt + l(-f_u(\cdot)(u-u^*)) \geq 0$$
$$\text{für alle } u \in L_m^\infty[t_o,\, t_1] \text{ mit } u(t) \in \Omega$$
$$\text{für fast alle } t \in [t_o,\, t_1].$$

Nutzt man die Darstellung von l durch $l(h) = \int_{t_o}^{t_1} \eta(t)h(t)dt$ aus, so erhält man

$$\int_{t_o}^{t_1} (\lambda f_u^o(t) - \eta(t)\, f_u(t))\,(u(t)-u^*(t))\,dt \geq 0$$
$$\text{für alle } u \in L_m^\infty[t_o,\, t_1] \text{ mit}$$
$$u(t) \in \Omega \quad \text{für fast alle } t \in [t_o,\, t_1].$$

Wir behaupten nun:

Für fast alle $t \in [t_o,\, t_1]$ ist $(\lambda f_u^o(t)-\eta(t)f_u(t))(u-u^*(t)) \geq 0$ für alle $u \in \Omega$.

Denn: Sei I die Menge der $t \in (t_o, t_1)$ mit

$$\lim_{\varepsilon \to 0+} \frac{1}{\varepsilon} \int_{t-\varepsilon}^{t} \{\lambda f_u^o(s) - \eta(s) f_u(s)\} ds = \lambda f_u^o(t) - \eta(t) f_u(t)$$

und

$$\lim_{\varepsilon \to 0+} \frac{1}{\varepsilon} \int_{t-\varepsilon}^{t} (\lambda f_u^o(s) - \eta(s) f_u(s)) u^*(s) ds = (\lambda f_u^o(t) - \eta(t) f_u(t)) u^*(t).$$

Da absolutstetige Funktionen fast überall differenzierbar sind, unterscheidet sich I von $[t_o, t_1]$ nur durch eine Nullmenge.

Nun seien $t \in I$ und $u \in \Omega$ beliebig. Für hinreichend kleine $\varepsilon > 0$ definiere man $u_\varepsilon \in L_m^\infty[t_o, t_1]$ durch

$$u_\varepsilon(s) = \begin{cases} u & \text{für } s \in [t-\varepsilon, t] \\ u^*(s) & \text{für } s \in [t_o, t_1] \setminus [t-\varepsilon, t]. \end{cases}$$

Dann ist

$$\frac{1}{\varepsilon} \int_{t_o}^{t_1} (\lambda f_u^o(s) - \eta(s) f_u(s)) (u_\varepsilon(s) - u^*(s)) ds =$$

$$\frac{1}{\varepsilon} \int_{t-\varepsilon}^{t} (\lambda f_u^o(s) - \eta(s) f_u(s)) (u - u^*(s)) ds \geq 0.$$

für alle hinreichend kleinen $\varepsilon > 0$.

Mit $\varepsilon \to 0$ folgt nach Definition von I, daß

$$(\lambda f_u^o(t) - \eta(t) f_u(t)) (u - u^*(t)) \geq 0$$

für alle $t \in I$ (und fast alle $t \in [t_o, t_1]$) und alle $u \in \Omega$.

Einen Beweis für diese letzte Behauptung mit Hilfe des Satzes von LUSIN findet man bei LEMPIO [34] und GIRSANOV [14].

Insgesamt haben wir damit erhalten:

<u>1.6 Satz:</u> Gegeben sei das optimale Steuerungsproblem, unter den Nebenbedingungen

$$\dot{x} = f(x,u,t),\ x(t_o) = x_o,\ G(x(t_1)) = \Theta,\ u(t) \in \Omega$$

die Zielfunktion $C(x,u) = F(x(t_1)) + \int_{t_o}^{t_1} f^o(x(t),u(t),t)\,dt$

zu minimieren, wobei Glattheitsannahmen usw. oben spezifiziert sind. (x^*,u^*) sei optimal und Rang $G_x(x^*(t_1)) = r$ (also maximal). Dann existieren $\lambda \geq 0$, $\eta \in W_n^{1,\infty}[t_o,\ t_1]$ und $\mu \in \mathbb{R}^r$ derart, daß $(\lambda,\eta) \neq \Theta$ und

1. $-\dot{\eta}(t) = \eta(t) f_x(x^*(t),u^*(t),t) - \lambda f_x^o(x^*(t),u^*(t),t)$

   (adjungierte Gleichung) f.ü. auf $[t_o,\ t_1]$

2. $-\eta(t_1) = \mu^T G_x(x^*(t_1)) + \lambda F_x(x^*(t_1))$

   (Transversalitätsbedingung)

3. Für fast alle $t \in [t_o,\ t_1]$ ist

   $(\eta(t) f_u(x^*(t),u^*(t),t) - \lambda f_u^o(x^*(t),u^*(t),t))(u-u^*(t)) \leq 0$

   (lokales PONTRYAGIN'sches Maximumprinzip). für alle $u \in \Omega$

<u>Bemerkungen:</u> 1. Definiert man die HAMILTON-Funktion $H : \mathbb{R}^n \times \mathbb{R}^m \times \mathbb{R}^n \times [t_o\ ,\ t_1] \times [0,\infty) \to \mathbb{R}$ in dem oben angegebenen Steuerungsproblem durch

$$H(x,u,\eta,t,\lambda) = \eta f(x,u,t) - \lambda f^o(x,u,t)$$

(wobei η als n-Zeilenvektor aufzufassen ist), so sagt das lokale PONTRYAGIN'sche Maximumprinzip aus, daß

$$H_u(x^*(t),u^*(t),\eta(t),t)(u-u^*(t)) \leq 0$$

für alle $u \in \Omega$ und fast alle $t \in [t_o,\ t_1]$. Man findet eine ähnliche Herleitung bei GIRSANOV [14], wobei dort allerdings die Differentialgleichung, die den Prozeß beschreibt, zunächst in eine Integralgleichung umgeschrieben wird, was schließlich am Schluß durch partielle Integration wieder rückgängig gemacht werden muß.

Die hier gewählte Vorgehensweise, aus einem abstrakten Maximumprinzip unter direkter Verwendung der Differentialgleichung als Gleichungsnebenbedingung die Aussagen von Satz 1.6 zu erhalten, scheint uns einfacher zu sein. Bei GIRSANOV wird gezeigt, wie man aus dem lokalen Maximumprinzip für optimale Steuerungsprobleme mit vorgegebenem Anfangs- und Endzustand das globale PONTRYAGIN'sche Maximumprinzip erhalten kann, welches für das Steuerungsproblem in Satz 1.6 (mit $F = \Theta$ und $G : \mathbb{R}^n \to \mathbb{R}^n$ gegeben durch $G(x) := x - x_1$ mit $x_1 \in \mathbb{R}^n$) aussagt, daß ein Paar $(\lambda,\eta) \in [0,\infty) \times W_n^{1,\infty}[t_o, t_1]$ mit $(\lambda,\eta) \neq \Theta$ existiert derart, daß

$$-\dot{\eta}(t) = H_x(x^*(t),u^*(t), \eta(t),t,\lambda) \quad \text{f.ü. auf } [t_o, t_1]$$

und
$$\max_{u \in \Omega} H(x^*(t),u, \eta(t),t,\lambda) = H(x^*(t),u^*(t), \eta(t),t,\lambda) \quad \text{f.ü. auf } [t_o,t_1].$$

Hierbei kann sogar auf die Voraussetzung, daß der Steuerbereich Ω konvex ist und die den Prozeß beschreibende Funktion f bezüglich u stetig partiell differenzierbar ist, verzichtet werden. Auf diese Untersuchungen wollen wir nicht näher eingehen, sondern im Anschluß an diese Bemerkungen lediglich einen verhältnismäßig elementaren Beweis für das PONTRYAGIN'sche Maximumprinzip bei optimalen Steuerungsproblemen ohne Endbedingung angeben.

2. Offenbar kann man mit Hilfe des allgemeinen Maximumprinzips Satz II 2.4 ein lokales PONTRYAGIN'sches Maximumprinzip bzw. Aussagen, die denen von Satz 1.6 entsprechen, auch für kompliziertere Steuerungsprobleme beweisen. So lassen sich z.B. andere Anfangs- und Endbedingungen, Beschränkungen an die Trajektorie sowie weitere Gleichungsnebenbedingungen, wie sie etwa bei isoperimetrischen Problemen auftreten, einbeziehen. Ferner ist eine Steuerung des Prozesses etwa durch Differentialgleichungen mit nacheilendem Argument denkbar. Man erhält jeweils entsprechende notwendige

Bedingungen, worauf wir aber nicht näher eingehen wollen. Lediglich den Fall diskreter optimaler Steuerungsprobleme wollen wir in §2 näher untersuchen. Auch den engen Zusammenhang zwischen optimalen Steuerungsproblemen und Variationsproblemen (dort wird der Prozeß beschrieben durch $\dot{x} = u$ und der Steuerbereich Ω ist offen) wollen wir nicht erörtern, es sei etwa auf PONTRYAGIN et al. [48] verwiesen.

3. Einige Bemerkungen wollen wir noch zu optimalen Steuerungsproblemen mit variabler Endzeit machen. Will man einen Prozeß so steuern, daß er in einer vorher nicht genau festgelegten Zeit ein System von einem gegebenen Anfangszustand in einen gewissen Endzustand überführt und zwar so, daß ein gegebenes Kostenfunktional minimal wird, so handelt es sich um ein optimales Steuerungsproblem auf einem variablen Zeitintervall $[t_o, t_1]$. Bei der folgenden Formulierung der notwendigen Bedingungen, die man mit Hilfe von Satz 1.3 ganz ähnlich wie die entsprechenden Aussagen von Satz 1.6 beweisen kann, wollen wir uns auf Steuerungsprobleme mit fest gegebenem Endzustand beschränken. Wir fassen das Ergebnis zusammen:

<u>1.7 Satz</u>: Gegeben sei das optimale Steuerungsproblem, unter den Nebenbedingungen

$$\dot{x} = f(x,u,t) \text{ f.ü. auf } [t_o, \hat{t}_1],\ x(t_o) = x_o,\ x(t_1) = x_1$$

$$u(t) \in \Omega \text{ f.ü. auf } [t_o, \hat{t}_1],\ t_1 \in (t_o, \hat{t}_1)$$

die Zielfunktion

$$C(x,u,t_1) = \int_{t_o}^{t_1} f^o(x(t),u(t),t)\,dt$$

zu minimieren. $\Omega \subset \mathbb{R}^m$ sei konvex, $f : \mathbb{R}^n \times \mathbb{R}^m \times [t_o, \hat{t}_1] \to \mathbb{R}^n$ und $f^o : \mathbb{R}^n \times \mathbb{R}^m \times [t_o, \hat{t}_1] \to \mathbb{R}$ mögen den gleichen Glattheitsbedingungen wie in Satz 1.6 genügen. Dann gilt:

Ist $(x^*, u^*, t_1^*) \in W_n^{1,\infty}[t_o, \hat{t}_1] \times L_m^\infty[t_o, \hat{t}_1] \times (t_o, \hat{t}_1)$ eine Lösung, so existieren $(\lambda, \eta) \in [0,\infty) \times W_n^{1,\infty}[t_o, t_1]$ mit $(\lambda, \eta) \neq \Theta$ und

1. $-\dot{\eta}(t) = \eta(t) f_x(x^*(t), u^*(t), t) - \lambda f_x^o(x^*(t), u^*(t), t)$ f.ü. auf $[t_o, t_1^*]$
2. $\eta(t_1^*) f(x^*(t_1^*), u^*(t_1^*), t_1^*) - \lambda f^o(x^*(t_1^*), u^*(t_1^*), t_1^*) = 0$
3. Für fast alle $t \in [t_o, t_1^*]$ ist $(\eta(t) f_u(x^*(t), u^*(t), t) - \lambda f_u^o(x^*(t), u^*(t), t))(u - u^*(t)) \leq 0$ für alle $u \in \Omega$.

Zum Schluß dieses Paragraphen wollen wir das PONTRYAGIN'sche Maximumprinzip für optimale Steuerungsprobleme ohne Endbedingung beweisen, wodurch Aussagen bei HARTBERGER [17], SPREMANN [51], LUENBERGER [39] u.a. auf Probleme erweitert werden, bei denen der Prozeß nicht notwendig zu jeder vorgegebenen Steuerung eine eindeutig bestimmte zugehörige Trajektorie besitzt.

Im folgenden betrachten wir nur stückweise stetige Steuerungen und bezeichnen mit $C_m^s[t_o, t_1]$ die Menge der stückweise stetigen m-Vektorfunktionen auf dem Intervall $[t_o, t_1]$.

1.8 Satz: Gegeben sei das Optimierungsproblem, auf

$$M := \{(x,u) \in C_n[t_o, t_1] \times C_m^s[t_o, t_1] : x(t) - x_o - \int_{t_o}^{t} f(x(s), u(s), s)\, ds = \Theta,$$
$$u(t) \in \Omega \text{ für alle } t \in [t_o, t_1]\}$$

das Kostenfunktional

$$C(x,u) := \int_{t_o}^{t_1} f^o(x(t), u(t), t)\, dt$$

zu minimieren. Hierbei seien $f : \mathbb{R}^n \times \mathbb{R}^m \times [t_o, t_1] \to \mathbb{R}^n$ und $f^o : \mathbb{R}^n \times \mathbb{R}^m \times [t_o, t_1] \to \mathbb{R}$ stetig und bezüglich x (bzw. der ersten Variablen) stetig partiell differenzierbar.

Sei $x_o \in \mathbb{R}^n$ und $\Omega \subset \mathbb{R}^m$.

Ist dann (x^*,u^*) eine Lösung des obigen Optimierungsproblems und η (Zeilenvektor) die Lösung von

$$-\dot{\eta} = \eta f_x(x^*(t),u^*(t),t) - f_x^o(x^*(t),u^*(t),t)$$

$$\eta(t_1) = \Theta,$$

so gilt mit $H(x,u,\eta,t) := \eta f(x,u,t) - f^o(x,u,t)$, daß

$$\max_{u \in \Omega} H(x^*(t),u,\eta(t),t) = H(x^*(t),u^*(t),\eta(t),t)$$

für alle $t \in [t_o, t_1]$.

<u>Beweis:</u> Sei $\bar{u} \in \Omega$ beliebig. $\bar{t} \in (t_o,t_1)$ sei keine Sprungstelle von u^*, so daß u^* in $\bar{t}$ stetig ist und x^* in $\bar{t}$ stetig differenzierbar ist.

Für $\varepsilon > 0$ definiere man

$$u_\varepsilon(t) = \begin{cases} \bar{u} & \text{für } t \in [\bar{t}, \bar{t}+\varepsilon] \\ u^*(t) & \text{sonst} \end{cases}$$

(wobei $\varepsilon > 0$ stets so klein sei, daß $[\bar{t}, \bar{t}+\varepsilon] \subset (t_o,t_1)$).

Wir wollen zeigen, daß für alle hinreichend kleinen $\varepsilon > 0$ eine zu u_ε gehörende Trajektorie x_ε existiert derart, daß $(x_\varepsilon,u_\varepsilon) \in M$.

ⓐ Die Anfangswertaufgabe $\dot{x} = f(x,\bar{u},t)$, $x(\bar{t}) = x^*(\bar{t})$ besitzt nach dem Existenzsatz von PICARD-LINDELÖF in einer hinreichend kleinen Umgebung von $\bar{t}$, etwa $[\bar{t}-\alpha, \bar{t}+\alpha] \subset (t_o,t_1)$ eine eindeutige Lösung $\hat{x}(t)$.

ⓑ Man definiere die Abbildung

$$T : C_n[\bar{t}-\alpha, t_1] \times (-\alpha,\alpha) \to C_n[\bar{t}-\alpha, t_1]$$

durch

$$T(x,\varepsilon)(t) = x(t) - \hat{x}(\bar{t}+\varepsilon) - \int_{\bar{t}+\varepsilon}^{t} f(x(s),u^*(s),s)\,ds$$

Bezeichnet man mit x^* auch die Restriktion von x^* auf das Intervall $[\bar{t}-\alpha, t_1]$, so gilt:

i) T ist in (x^*,o) stetig.

ii) $T(x^*,0) = \Theta$

iii) Für $\varepsilon \in (-\alpha,\alpha)$ existiert $\frac{\partial}{\partial x} T(x,\varepsilon)$, ist in $(x^*,0)$ stetig und durch

$$\frac{\partial}{\partial x} T(x,\varepsilon)h(t) = h(t) - \int_{\bar{t}+\varepsilon}^{t} f_x(x(s),u^*(s),s)\, h(s)\,ds$$

gegeben.

iv) $[\frac{\partial}{\partial x} T(x^*,o)]^{-1}$ existiert und ist stetig.

Der Satz über implizite Funktionen (siehe z.B. KANTOROWITSCH-AKILOW [28]) liefert die Existenz eines $\delta \in (0,\alpha)$ mit der Eigenschaft, daß für alle $\varepsilon \in (-\delta,\delta)$ ein $\tilde{x}_\varepsilon \in C_n[\bar{t} - \alpha, t_1]$ existiert mit $T(\tilde{x}_\varepsilon,\varepsilon) = \Theta$ und $\lim\limits_{\varepsilon\to 0} \tilde{x}_\varepsilon = \tilde{x}_0 = x^*$ (gleichmäßig auf $[\bar{t} - \alpha,\ t_1]$).
Definiert man nun für $\varepsilon \in (0,\delta)$ die Funktionen

$$x_\varepsilon(t) := \begin{cases} x^*(t) & \text{für } t \in [t_0,\ \bar{t}] \\ \hat{x}\ (t) & \text{für } t \in [\bar{t},\ \bar{t} + \varepsilon] \\ \tilde{x}_\varepsilon(t) & \text{für } t \in [\bar{t} + \varepsilon,\ t_1], \end{cases}$$

so ist $(x_\varepsilon,u_\varepsilon) \in M$ für $\varepsilon \in (0,\delta)$ und $\lim\limits_{\varepsilon\to 0} x_\varepsilon = x^*$ gleichmäßig auf $[t_0,\ t_1]$.
Auf $C_n\ [\bar{t} - \alpha,\ t_1] \times (-\alpha,\alpha)$ existiert ferner $\frac{\partial}{\partial\varepsilon} T(x,\varepsilon)$ und ist durch

$$\begin{aligned} \frac{\partial}{\partial\varepsilon} T(x,\varepsilon)\sigma &= (-\dot{\hat{x}}(\bar{t}+\varepsilon) + f(x(\bar{t}+\varepsilon),u^*(\bar{t}+\varepsilon),\bar{t}+\varepsilon))\sigma \\ &= (-f(\hat{x}(\bar{t}+\varepsilon),\bar{u},\bar{t}+\varepsilon) + f(x(\bar{t}+\varepsilon),u^*(\bar{t}+\varepsilon),\bar{t}+\varepsilon))\sigma \end{aligned}$$

gegeben. Offenbar ist T in $(x^*,0)$ stetig partiell nach ε differenzierbar. Der Satz über implizite Funktionen liefert, daß die Abbildung $F : (-\delta,\delta) \to C_n[\bar{t} - \alpha,\ t_1]$ definiert durch $F(\varepsilon) = \tilde{x}_\varepsilon$ in 0 FRÉCHET-differenzierbar ist und daß $F'(0) = -[\frac{\partial}{\partial x} T(x^*,0)]^{-1} \frac{\partial}{\partial\varepsilon} T(x^*,0)$, d.h. es ist $F'(0)\sigma = w\sigma$, wobei w die Lösung der linearen Anfangswertaufgabe

$$\dot{w} = f_x(x^*(t),u^*(t),t)w, \quad w(\bar{t}) = f(x^*(\bar{t}),\bar{u},\bar{t}) - f(x^*(\bar{t}),u^*(\bar{t}),\bar{t})$$

ist.

Also ist $\lim_{\varepsilon \to 0} \frac{\tilde{x}_\varepsilon - x^*}{\varepsilon} = w$ gleichmäßig auf $[\bar{t} - \alpha, t_1]$.

(c) Für $\varepsilon \in (0,\delta)$ ist $(x_\varepsilon, u_\varepsilon) \in M$ und wegen der Optimalität von (x^*,u^*) ist

$$0 \le \frac{1}{\varepsilon}\left(C(x_\varepsilon,u_\varepsilon) - C(x^*,u^*)\right)$$

$$= \frac{1}{\varepsilon}\int_{\bar{t}}^{\bar{t}+\varepsilon} (f^0(\hat{x}(t),\bar{u},t) - f^0(x^*(t),u^*(t),t))\,dt$$

$$+ \frac{1}{\varepsilon}\int_{\bar{t}+\varepsilon}^{t_1} (f^0(\tilde{x}_\varepsilon(t),u^*(t),t) - f^0(x^*(t),u^*(t),t))\,dt$$

Nun ist $\lim_{\varepsilon \to 0} \frac{1}{\varepsilon}\int_{\bar{t}}^{\bar{t}+\varepsilon} (f^0(\hat{x}(t),\bar{u},t) - f^0(x^*(t),u^*(t),t))\,dt$

$$= f^0(x^*(\bar{t}),\bar{u},\bar{t}) - f^0(x^*(\bar{t}),u^*(\bar{t}),\bar{t})$$

und, wie man unschwer nachprüft,

$$\lim_{\varepsilon \to 0} \frac{1}{\varepsilon}\int_{\bar{t}+\varepsilon}^{t_1} (f^0(\tilde{x}_\varepsilon(t),u^*(t),t) - f^0(x^*(t),u^*(t),t))\,dt$$

$$= \int_{\bar{t}}^{t_1} f_x^0(x^*(t),u^*(t),t)\, w(t)\,dt$$

$$= \int_{\bar{t}}^{t_1} (\dot{\eta}(t) + \eta(t) f_x(x^*(t),u^*(t),t))\, w(t)\,dt$$

$$= \eta(t)\, w(t)\,\Big|_{\bar{t}}^{t_1} + \int_{\bar{t}}^{t_1} \eta(t)(f_x(x^*(t),u^*(t),t)w(t) - \dot{w}(t))\,dt$$

$$= -\eta(\bar{t})\, w(\bar{t})$$

$$= -\eta(\bar{t})\, \{ f(x^*(\bar{t}),\bar{u},\bar{t}) - f(x^*(\bar{t}),u^*(\bar{t}),\bar{t}) \}.$$

Hieraus folgt zunächst, daß

$$\max_{u \in \Omega} H(x^*(t),u, \eta(t),t) = H(x^*(t),u^*(t), \eta(t),t)$$

für jedes $t \in (t_o,t_1)$, das keine Sprungstelle von u^* ist, aus Stetigkeitsgründen gilt diese Beziehung für alle $t \in [t_o, t_1]$.

Damit ist Satz 1.8 bewiesen.

Bemerkung: Der Beweis des globalen PONTRYAGIN'schen Maximumprinzips für optimale Steuerungsprobleme mit Endbedingungen ist zwar im Ansatz ähnlich dem Beweis von Satz 1.7, aber doch wesentlich komplizierter. Eine sehr gute Darstellung findet man z.B. bei KNOBLOCH-KAPPEL [29].

§2 Notwendige Optimalitätsbedingungen bei diskreten optimalen Steuerungsproblemen

Wir wollen in diesem Paragraphen diskrete optimale Steuerungsprobleme betrachten und analog zu §1 ein diskretes PONTRYAGIN'sches Maximumprinzip herleiten. Wir werden hier, genau wie im vorigen Paragraphen, nicht das allgemeinst mögliche Problem betrachten. Auch das Ergebnis, das wir erhalten werden, ist nicht ganz das bestmögliche, da wir an den Steuerbereich Konvexitätsvoraussetzungen machen. In allen praktisch interessanten Fällen stimmen aber die hier gewonnenen Ergebnisse mit denen von CANON-CULLUM-POLAK [6 , 7] und HALKIN [16] überein. Interessant ist, daß bei diskreten optimalen Steuerungsproblemen i.a. kein globales PONTRYAGIN'sches Maximumprinzip zu erwarten ist (siehe [7]), sondern das lokale Maximumprinzip nur unter Konvexitätsbedingungen zu einem globalen Maximumprinzip erweitert werden kann.
Ein diskretes optimales Steuerungsproblem erhält man durch eine Diskretisierung eines kontinuierlichen Problems. Genau wie in §1 ist das Problem durch Angabe der Daten: Prozeß, Anfangszustand, Endzustand, Steuerbereich und Zielfunktion gegeben.
In der folgenden Übersicht findet man in der linken Spalte das im vorigen Paragraphen behandelte kontinuierliche Steuerungsproblem, daneben eine diskretisierte Form des gleichen Problems, welche man dadurch erhält, daß man die Differentialgleichung, die den Prozeß beschreibt, z.B. durch die EULER'schen Differenzengleichungen ersetzt, sowie die Zielfunktion z.B. mit Hilfe der Rechteckregel auswertet. In der rechten Spalte wollen wir schließlich das Problem angeben, welches wir im Anschluß weiter behandeln werden.

ⓐ	Der <u>Prozeß</u> sei gegeben durch $\dot{x} = f(x,u,t)$ auf dem <u>festen</u> Zeitintervall $[t_o,T]$. Hierbei ist $f : \mathbb{R}^n \times \mathbb{R}^m \times [t_o,T] \to \mathbb{R}^n$.	Man zerlege $[t_o,T]$ in k Teilintervalle $t_o < t_1 < \ldots < t_k = T$, setze $T_i := t_{i+1} - t_i$ und diskretisiere die Differentialgleichung durch $x_{i+1} - x_i = T_i f(x_i,u_i,t_i)$ $(i=0,\ldots k-1)$ Hierbei ist also $x_i \in \mathbb{R}^n$ eine Näherung für $x(t_i)$, $u_i \in \mathbb{R}^m$ eine Näherung für $u(t_i)$	Der <u>diskrete Prozeß</u> sei gegeben durch $x_{i+1} - x_i = f_i(x_i,u_i)$ $(i=0,\ldots,k-1)$, wobei $f_i : \mathbb{R}^n \times \mathbb{R}^m \to \mathbb{R}^n$. (Setzt man also etwa $f_i(x,u) = T_i f(x,u,t_i)$, so hat man die mittlere Spalte als Spezialfall).
ⓑ	Der <u>Anfangszustand</u> zur Anfangszeit t_o sei fest vorgegeben: $x(t_o) = x_o$	x_o gegeben.	x_o gegeben. (Bei CANON-CULLUM-POLAK [7] muß x_o nur gewissen Ungleichungs- und Gleichungsrestriktionen genügen, dieser Fall läßt sich ähnlich behandeln).
ⓒ	Zur vorgegebenen Endzeit T liege der <u>Endzustand</u> x(T) auf einer vorgegebenen	$G(x_k) = \Theta$	$G(x_k) = \Theta$ mit $G : \mathbb{R}^n \to \mathbb{R}^r$ (Bei CANON-CULLUM-POLAK [7] kann das Ziel nicht nur durch

Fläche $Q_1 := \{x \in \mathbb{R}^n : G(x) = \Theta\}$. Es sei also $G(x(T)) = \Theta$, wobei $G : \mathbb{R}^n \to \mathbb{R}^r$.		Gleichungen sondern auch durch Ungleichungen beschrieben sein).
(d) Es sei ein Steuerbereich $\Omega \subset \mathbb{R}^m$ vorgegeben, d.h. jede zulässige Steuerung u muß der Bedingung $u(t) \in \Omega$ für fast alle $t \in [t_o, T]$ genügen.	$u_i \in \Omega$ für $i = 0,\ldots,k-1$ (Es ist nicht nötig, $u_k \in \Omega$ zu fordern, da u_k im diskreten Prozeß gar nicht auftritt).	$u_i \in \Omega_i$ für $i = 0,\ldots k-1$ mit $\Omega_i \subset \mathbb{R}^m$. (Bei CANON-CULLUM-POLAK [7] werden ebenfalls Restriktionen der Form $u_i \in \Omega_i$ mit $\Omega_i \subset \mathbb{R}^m$ $(i=0,1\ldots k-1)$ betrachtet, der Steuerbereich darf sich also mit der Zeit verändern).

Durch die angegebenen Daten ist erklärt, was man unter einem zulässigen Paar (Zustand, Steuerung) zu verstehen hat. Für das kontinuierliche Problem ist dies im vorigen Paragraphen schon ausführlich geschehen, wir wollen uns daher bei der Erläuterung auf das diskrete Problem beschränken: Ist $x = (x_o,\ldots,x_k)$ (Zustand, Trajektorie), $u = (u_o,\ldots u_{k-1})$ mit $x_i \in \mathbb{R}^n$, $u_i \in \mathbb{R}^m$, so heißt das Paar $(x,u) \in \mathbb{R}^{(k+1)n} \times \mathbb{R}^{km}$ zulässig für das in der rechten Spalte definierte diskrete Steuerungsproblem, falls

(i) $x_{i+1} - x_i = f_i(x_i, u_i) \quad (i=0,\ldots k-1)$

(ii) x_o = vorgegebener Anfangszustand

(iii) $G(x_k) = \Theta$

(iv) $u_i \in \Omega_i \quad (i=0,1,\ldots k-1)$

Die Menge der zulässigen Paare (x,u) werde mit M bezeichnet.

ⓔ	Auf der Menge der zulässigen Paare sei eine Zielfunktion gegeben durch $C(x,u) = F(x(T)) + \int_{t_o}^{T} f^o(x(t),u(t),t)\,dt$ mit $F : \mathbb{R}^n \to \mathbb{R}$ und $f^o : \mathbb{R}^n \times \mathbb{R}^m \times [t_o,T] \to \mathbb{R}$	Eine Diskretisierung der Zielfunktion mit Hilfe der Rechteckregel liefert $C(x,u) = F(x_k) + \sum_{i=0}^{k-1} T_i f^o(x_i,u_i,t_i)$	Auf der Menge der zulässigen Paare sei eine Zielfunktion gegeben durch $C(x,u) = F(x_k) + \sum_{i=0}^{k-1} f_i^o(x_i,u_i)$. (Bei CANON-CULLUM-POLAK [7] wird $F = \Theta$ angenommen) mit $F : \mathbb{R}^n \to \mathbb{R}$, und $f_i^o : \mathbb{R}^n \times \mathbb{R}^m \to \mathbb{R}$ für $i = 0,\ldots k-1$.

In der rechten Spalte haben wir damit vollständig ein diskretes optimales Steuerungsproblem formuliert, welches wir mit (DOSTP) bezeichnen wollen.

Im folgenden wollen wir notwendige Optimalitätsbedingungen für (DOSTP) herleiten. Wir werden die Bezeichnungen entsprechend denen im vorigen Paragraphen wählen.

<u>2.1 Satz:</u> Gegeben sei das obige diskrete optimale Steuerungsproblem (DOSTP). $(x^*,u^*) \in \mathbb{R}^{(k+1)n} \times \mathbb{R}^{km}$ sei eine optimale Lösung, d.h. es sei $C(x^*,u^*) \leq C(x,u)$ für alle $(x,u) \in M$. Es seien die folgenden Glattheitsbedingungen erfüllt:

i) $f_i : \mathbb{R}^n \times \mathbb{R}^m \to \mathbb{R}^n$ ist stetig partiell differenzierbar. Mit f_{ix} bzw. f_{iu} werden die $n \times n$ bzw. $n \times m$ Jacobi-Matrizen bezüglich des ersten bzw. zweiten Satzes von Variablen bezeichnet.

ii) $G : \mathbb{R}^n \to \mathbb{R}^r$ sei stetig differenzierbar, mit G_x wird die Jacobi-Matrix bezeichnet.

iii) $F : \mathbb{R}^n \to \mathbb{R}$ und $f_i^o : \mathbb{R}^n \times \mathbb{R}^m \to \mathbb{R}$ seien stetig differenzierbar. Mit F_x, f_{ix}^o bzw. f_{iu}^o werden die entsprechenden Gradienten (Zeilenvektoren!) bezeichnet.

Ferner sei $\Omega_i \subset \mathbb{R}^m$ konvex und Rang $G_x(x_k^*) = r$ (also maximal). Dann existiert eine reelle Zahl $\lambda \geq 0$, $\eta = (\eta_o,\eta_1,\ldots,\eta_k) \in \mathbb{R}^{(k+1)n}$ ($\eta_i \in \mathbb{R}^n$ Zeilenvektoren!) und ein $\mu \in \mathbb{R}^r$ mit $(\lambda,\eta) \neq \Theta$ und

1. $-(\eta_{i+1}-\eta_i) = \eta_{i+1}\, f_{ix}(x_i^*,u_i^*) - \lambda f_{ix}^o(x_i^*,u_i^*)$ $(i=0,\ldots k-1)$
   (adjungierte Gleichung)

2. $-\eta_k = \mu^T G_x(x_k^*) + \lambda F_x(x_k^*)$ (Transversalitätsbedingung)

3. $(\eta_{i+1}\, f_{iu}(x_i^*,u_i^*) - \lambda f_{iu}^o(x_i^*,u_i^*))\,(u_i-u_i^*) \leq 0$
   für alle $u_i \in \Omega_i$ $(i=0,\ldots, k-1)$
   (lokales PONTRYAGIN'sches Maximumprinzip).

<u>Beweis:</u> Wir wollen Satz 1.3 anwenden. Hierzu setzen wir $E_x := \mathbb{R}^{(k+1)n}$, $E_u := \mathbb{R}^{km}$, $W_x := \{x = (x_o,\ldots,x_k) \in E_x : x_o = x_o^*\}$,

$W_u := \prod_{i=0}^{k-1} \text{aff}\,(\Omega_i)$ und $U := \prod_{i=0}^{k-1} \Omega_i$. Dann ist $U^o = \mathring{U} \neq \emptyset$ relativ

zu W_u. Sei $Z := \mathbb{R}^{k\cdot n} \times \mathbb{R}^r$, die Abbildung $g : E_x \times E_u \to Z$ sei definiert durch

$$g(x,u) = ((x_{i+1}-x_i-f_i(x_i,u_i))_{i=0,\ldots k-1}, G(x_k)),$$

die Kostenfunktion $C : E_x \times E_u \to \mathbb{R}$ ist gegeben durch

$$C(x,u) = F(x_k) + \sum_{i=0}^{k-1} f_i^o(x_i,u_i).$$

Dann nimmt die Kostenfunktion C ihr Minimum auf

$M := \{(x,u) \in E_x \times E_u : (x,u) \in W_x \times U,\ g(x,u) = \Theta\}$ in

$(x^*,u^*) \in M$ an. Wir berechnen die FRÉCHET-Differentiale von g und

C in (x^*,u^*). Nach leichter Rechnung erhält man

$$g'(x^*,u^*)(x,u) = ((x_{i+1}-x_i-f_{ix}(x_i^*,u_i^*)x_i-f_{iu}(x_i^*,u_i^*)u_i)_{i=0,\ldots k-1},\ G_x(x_k^*)\,x_k)$$

und

$$C'(x^*,u^*)(x,u) = F_x(x_k^*)\,x_k + \sum_{i=0}^{k-1} \{f_{ix}^o(x_i^*,u_i^*)\,x_i + f_{iu}^o(x_i^*,u_i^*)\,u_i\}$$

Die Anwendung von Satz 1.3 liefert die Existenz von (λ,p,μ)
$\in \mathbb{R} \times \mathbb{R}^{kn} \times \mathbb{R}^r$ mit $(\lambda,p,\mu) \neq \Theta$, $\lambda \geq 0$ und

i) $$\lambda\{F_x(x_k^*)\,x_k + \sum_{i=0}^{k-1} f_{ix}^o(x_i^*,u_i^*)x_i\} + \sum_{i=0}^{k-1} p_{i+1}(x_{i+1}-x_i-f_{ix}(x_i^*,u_i^*)x_i)$$
$$+ \mu^T G_x(x_k^*)\,x_k = 0 \quad \text{für alle}$$
$$x = (\Theta,x_1,\ldots,x_k) \in E_x$$

ii) $$\sum_{i=0}^{k-1} \{\lambda f_{iu}^o(x_i^*,u_i^*) - p_{i+1}\, f_{iu}(x_i^*,u_i^*)\}(u_i-u_i^*) \geq 0 \quad \text{für}$$
$$\text{alle} \quad u = (u_i)_{i=0,\ldots k-1} \in U$$

Hierbei wird $p = (p_1,\ldots,p_k) \in \mathbb{R}^{k\cdot n}$ jeweils als Zeilenvektor aufgefaßt.

Aus i) folgt zunächst

$$\sum_{i=1}^{k-1} \{\lambda f_{ix}^o(x_i^*,u_i^*) + p_i - p_{i+1} - p_{i+1}\, f_{ix}(x_i^*,u_i^*)\}x_i$$
$$+ (\lambda F_x(x_k^*) + \mu^T G_x(x_k^*) + p_k)x_k = 0 \quad \text{für}$$
$$\text{alle } (x_1,\ldots,x_k) \in \mathbb{R}^{kn}$$

Hieraus folgt

1. $-(p_{i+1}-p_i) = p_{i+1}\, f_{ix}(x_i^*,u_i^*) - \lambda f_{ix}^o(x_i^*,u_i^*) \quad (i=1,\ldots,k-1)$
2. $-p_k = \mu^T G_x(x_k^*) + \lambda F_x(x_k^*).$

Definiert man nun

$$\eta_o := p_1 + p_1\, f_{ox}(x_o^*, u_o^*) - \lambda f_{ox}^o(x_o^*, u_o^*)$$

und setzt $\eta := (\eta_o, p_1, \ldots, p_k)$, so hat man die ersten beiden Behauptungen von Satz 2.1 schon bewiesen, ferner folgt aus ii) offenbar die dritte Behauptung. Angenommen, es wäre $(\lambda, \eta) = \Theta$. Aus 2. und Rang $G_x(x_k^*) = r$ folgt auch $\mu = \Theta$, es wäre also $(\lambda, p, \mu) = \Theta$, ein Widerspruch.

Bemerkung: Führt man für $i = 0,1,\ldots,k-1$ die HAMILTON-Funktion $H_i : \mathbb{R}^n \times \mathbb{R}^m \times \mathbb{R}^n \times \mathbb{R} \to \mathbb{R}$ ein durch

$$H_i(x,u,\eta,\lambda) = \eta f_i(x,u) - \lambda f_i^o(x,u)$$

so ist die Aussage 3. in Satz 2.1 äquivalent mit

$$H_{iu}(x_i^*, u_i^*, \eta_{i+1}, \lambda)\,(u_i - u_i^*) \le 0 \quad \text{für alle} \quad u_i \in U_i .$$

Ohne weitere Voraussetzungen ist ein globales PONTRYAGIN'sches Maximumprinzip der Form

$$H_i(x_i^*, u_i, \eta_{i+1}, \lambda) \le H_i(x_i^*, u_i^*, \eta_{i+1}, \lambda) \quad \text{für alle} \quad u_i \in U_i$$
$$(i=0,\ldots,k-1)$$

nicht zu erwarten, wie bei CANON-CULLUM-POLAK [7] gezeigt wird. Richtig ist diese Aussage aber für Probleme, bei denen der Prozeß bezüglich der Steuervariablen linear und die Zielfunktion bezüglich der Steuervariablen konvex ist; die Differenzierbarkeit bezüglich u, der Steuerung, braucht dann weder für den Prozeß, also für die f_i, noch für die Zielfunktion, also für die f_i^o , vorausgesetzt zu werden.

§3 Notwendige Optimalitätsbedingungen in der Approximationstheorie

In der Approximationstheorie beschäftigt man sich mit dem folgenden Problem:

Gegeben sei ein linearer normierter Raum $(E, \| \ \|)$, eine Teilmenge $V \subset E$ und ein Element $w_o \in E$. Zu bestimmen ist die Menge

$$P[w_o, V] := \{v_o \in V : \|v_o - w_o\| \leq \|v - w_o\| \text{ für alle } v \in V\}$$

der besten Approximationen an w_o bezüglich V.

Setzt man für $w \in E$

$$\Sigma_w := \{l \in E^* : \|l\| \leq 1, \ l(w) = \|w\|\} ,$$

so gilt das folgende Lemma (siehe z.B. PSHENICHNYI [49]):

3.1 Lemma: Sei $(E, \| \ \|)$ ein linearer normierter Raum und $v_o, w_o \in E$. Die Abbildung $f : E \to \mathbb{R}$ sei definiert durch $f(x) := \|x - w_o\|$. Dann gilt:

f besitzt in v_o eine GATEAUX-Variation $f'(v_o)$, welche gegeben ist durch $f'(v_o)(h) = \max\limits_{l \in \Sigma_{v_o - w_o}} l(h)$.

Beweis: i) Zu zeigen ist zunächst, daß

$$\lim_{t \to 0+} \frac{1}{t} \{f(v_o + th) - f(v_o)\}$$

für jedes $h \in E$ existiert. Da f konvex ist, ist die Funktion $\phi(t) := \frac{1}{t} \{f(v_o + th) - f(v_o)\}$ für $t > 0$ monoton nicht fallend und nach unten beschränkt, woraus die Existenz der GATEAUX-Variation folgt.

ii) Wir zeigen, daß $\sup\limits_{l \in \Sigma_{v_o - w_o}} l(h) \leq f'(v_o)(h)$ für jedes $h \in E$.

Denn: Sei $l \in \Sigma_{v_o - w_o}$ beliebig, $h \in E$. Dann ist

$tl(h) + \|v_o - w_o\| = l(v_o+th-w_o) \leq \|v_o + th - w_o\|$, also

$l(h) \leq \frac{1}{t}\{\|v_o + th - w_o\| - \|v_o - w_o\|\}$ für alle $t > 0$. Hieraus folgt

$l(h) \leq f'(v_o)(h)$ für alle $l \in \Sigma_{v_o - w_o}$ und damit

$$\sup_{l \in \Sigma_{v_o-w_o}} l(h) \leq f'(v_o)(h) \quad \text{für alle } h \in E.$$

iii) Wir zeigen: Zu jedem $h \in E$ existiert ein $\hat{l} \in \Sigma_{v_o-w_o}$ mit $f'(v_o)(h) \leq \hat{l}(h)$.

Denn: Definiere $L := \{(\|v_o - w_o\| + tf'(v_o)(h), v_o + th) : t > 0\}$

$$Z := \{(\alpha,x) \in \mathbb{R} \times E : \|x - w_o\| < \alpha\}.$$

Dann sind L, Z konvex in $\mathbb{R} \times E$ und $\overset{\circ}{Z} \neq \emptyset$. Aus dem Trennungssatz Satz I 2.4 folgt die Existenz von $(c,\tilde{l}) \in \mathbb{R} \times E^*$ mit $(c,\tilde{l}) \neq \Theta$ und

$$c(\|v_o - w_o\| + tf'(v_o)(h)) + \tilde{l}(v_o+th) \leq c\alpha + \tilde{l}(x)$$

für alle $t \geq 0$, $(\alpha,x) \in \mathbb{R} \times E$ mit $\|x - w_o\| \leq \alpha$. Setzt man hier $t = 0$, $x = v_o$, so erkennt man, daß $c \geq 0$. Es ist sogar $c > 0$, da andernfalls $\tilde{l} = \Theta$. Setzt man $\hat{l} := -\frac{1}{c}\tilde{l}$ und $\alpha = \|x - w_o\|$, so ist also

$$\|v_o - w_o\| + tf'(v_o)(h) - \hat{l}(v_o+th) \leq \|x - w_o\| - \hat{l}(x)$$

für alle $t \geq 0$, $x \in E$. Setzt man in dieser Ungleichung $t = 0$, so folgt $\hat{l}(x - v_o) \leq \|x - w_o\| - \|v_o - w_o\|$ und hieraus $\hat{l} \in \Sigma_{v_o-w_o}$.

Andererseits ist

$$\|v_o - w_o\| - \|x - w_o\| \leq \hat{l}(v_o-x) + t(\hat{l}(h) - f'(v_o)(h))$$

für alle $t \geq 0$, woraus $f'(v_o)(h) \leq \hat{l}(h)$ folgt.

Aus i), ii), iii) folgt die Aussage des Lemmas, insbesondere, daß das auftretende Maximum existiert.

Aus Lemma 3.1 folgt nun sehr einfach der folgende bekannte Satz (vergleiche z.B. DEUTSCH-MASERICK [13], HOLMES [24]):

<u>3.2 Satz</u> (Globales KOLMOGOROFF-Kriterium): Sei $(E,\| \|)$ ein linearer normierter Raum, $V \subset E$ konvex und $w_o \in E$. Dann gilt

$$v_o \in P[w_o, V] \Leftrightarrow \min_{l \in \Sigma_{w_o - v_o}} l(v-v_o) \leq 0 \quad \text{für alle } v \in V.$$

<u>Beweis:</u> ① Sei $v_o \in P[w_o,V]$, also v_o eine Lösung der Aufgabe, das durch $f(x) := \|x - w_o\|$ definierte Funktional $f : E \to \mathbb{R}$ auf V zu minimieren. Sei $v \in V$ beliebig. Für alle $t \in (0,1]$ ist dann

$\frac{1}{t}\{f(v_o + t(v-v_o)) - f(v_o)\} \geq 0$ und damit nach Lemma 3.1

$$f'(v_o)(v-v_o) = \max_{l \in \Sigma_{v_o - w_o}} l(v-v_o) = -\min_{l \in \Sigma_{w_o - v_o}} l(v-v_o) \geq 0$$

bzw. $\min_{l \in \Sigma_{w_o - v_o}} l(v-v_o) \leq 0$ für alle $v \in V$.

② Aus $\min_{l \in \Sigma_{w_o - v_o}} l(v-v_o) \leq 0$ für alle $v \in V$ und Lemma 3.1 folgt

$f'(v_o)(v-v_o) \geq 0$ mit $f(x) = \|x - w_o\|$.

Hieraus folgt aber sofort, daß v_o eine beste Approximation an w_o bezüglich V ist.

<u>Bemerkungen:</u> 1. Die Implikation

$$v_o \in P[w_o, V] \Rightarrow \min_{l \in \Sigma_{w_o - v_o}} l(v-v_o) \leq 0 \quad \text{für alle } v \in V.$$

gilt offenbar schon unter der Voraussetzung, daß V <u>sternförmig</u> bezüglich v_o ist, d.h. daß $[v_o,v] \subset V$ für alle $v \in V$.

2. Die Implikation

$$\min_{l \in \Sigma_{w_o - v_o}} l(v-v_o) \leq 0 \Rightarrow v_o \in P[w_o,V]$$

gilt offenbar auch ohne die Voraussetzung, daß V konvex ist.

Nun wollen wir uns mit nichtlinearen (und i.a. nichtkonvexen) Approximationsaufgaben ohne und mit Nebenbedingungen beschäftigen, notwendige Optimalitätsbedingungen hierzu aufstellen und anschließend den Fall der Tschebyscheff'schen Approximationsaufgaben näher betrachten. Wir betrachten, wie es in der Approximationstheorie weitgehend üblich ist (siehe z.B. COLLATZ-KRABS [8]), Approximationsaufgaben bezüglich des Bildes einer "Parametermenge". Für den folgenden Satz erinnern wir an die Definition des Tangentialkegels $T(A,a_o)$ (siehe Bemerkung 3 im Anschluß an Definition II 1.2), welcher mit der Menge der tangentialen Richtungen $B_t(A,a_o)$ übereinstimmt, falls $B = H(\mathbb{R}^n)$ und $A \subset \mathbb{R}^n$.

<u>3.3 Satz:</u> Sei $(E,\|\ \|)$ ein linearer normierter Raum, $w_o \in E$ ein vorgegebenes Element, $A \subset \mathbb{R}^n$ eine Teilmenge und $F : \mathbb{R}^n \to E$ eine Abbildung. Es sei $v_o = F(a_o) \in P[w_o, F(A)]$ beste Approximation an w_o bezüglich $F(A)$. F besitze in a_o eine HADAMARD-Variation $F'(a_o)$. Dann ist

$$\min_{l \in \Sigma_{w_o - F(a_o)}} l \circ F'(a_o)(h) \leq 0 \quad \text{für alle } h \in T(A,a_o).$$

(lokale KOLMOGOROFF-Bedingung).

<u>Beweis:</u> Man definiere das Funktional $f_1 : E \to \mathbb{R}$ durch $f_1(x) := \|x - w_o\|$, ferner sei $f : \mathbb{R}^n \to \mathbb{R}$ gegeben durch $f := f_1 \circ F$. Da $F(a_o)$ beste Approximation an w_o bezüglich $F(A)$ ist, ist a_o eine Lösung der Optimierungsaufgabe, f auf A zu minimieren.
f_1 besitzt nach Lemma 3.1 in jedem Punkt $x_o \in E$ eine GATEAUX-Variation $f_1'(x_o)$, F besitzt in a_o eine HADAMARD-VARIATION $F'(a_o)$. Wir wollen uns überlegen, daß f dann in a_o eine HADAMARD-Variation $f'(a_o)$ besitzt und daß diese durch $f'(a_o) = f_1'(F(a_o)) \circ F'(a_o)$ gegeben ist.
Sei $r \in H(\mathbb{R}^n)$ beliebig. Dann ist

$$\left| \frac{f_1 \circ F(a_o + th + r(t)) - f_1 \circ F(a_o)}{t} - \frac{f_1(F(a_o) + tF'(a_o)(h)) - f_1 \circ F(a_o)}{t} \right|$$

$$= \frac{1}{t} \left| f_1(F(a_o + th + r(t))) - f_1(F(a_o) + t\,F'(a_o)(h)) \right|$$

$$\leq \frac{1}{t} \left\| F(a_o+th+r(t)) - F(a_o) - t F'(a_o)(h) \right\| .$$

da $|f_1(x) - f_1(y)| = | \|x - w_o\| - \|y - w_o\| | \leq \|x - y\|$ für alle $x,y \in E$. Da F in a_o HADAMARD-differenzierbar ist und nach Lemma 3.1

$$\lim_{t \to 0+} \frac{f_1(F(a_o) + t F'(a_o)(h) - f_1(F(a_o))}{t} = f_1'(F(a_o))(F'(a_o)(h))$$

existiert, besitzt $f = f_1 \circ F$ in a_o eine HADAMARD-Variation $f'(a_o)$ und es ist

$$f'(a_o)(h) = f_1'(F(a_o))(F'(a_o)(h)) \quad \text{für alle } h \in \mathbb{R}^n.$$

Nach Satz II 4.5 ist $f'(a_o)$ eine H(E)-Variation bezüglich $(-\infty,0)$, nach Satz II 1.6 ist

$$\{ h \in \mathbb{R}^n : f'(a_o)(h) < 0\} \subset B_a(f,a_o) \quad \text{mit } B = H(\mathbb{R}^n).$$

Aus $B_a(f,a_o) \cap T(A,a_o) = \emptyset$ folgt

$$f'(a_o)(h) = f_1'(F(a_o))(F'(a_o)(h)) \geq 0 \quad \text{für alle } h \in T(A,a_o).$$

Aus Lemma 3.1 folgt dann die Behauptung.

<u>Bemerkung:</u> Unter den Voraussetzungen von Satz 3.3 gelten die Implikationen

$$v_o = F(a_o) \in P[w_o, F(A)] \Rightarrow \min_{l \in \Sigma_{w_o - F(a_o)}} l \circ F'(a_o)(h) \leq 0 \quad \text{für alle } h \in T(A,a_o)$$

$$\Rightarrow \Theta \in P[w_o - F(a_o),\ F'(a_o)(T(A,a_o))]$$

(siehe Bemerkung 2 im Anschluß an Satz 3.2).

Bevor wir die Ergebnisse dadurch konkretisieren, daß wir als linearen normierten Raum E z.B. den Raum C(T) der auf einem kompakten metrischen Raum T (etwa dem Intervall [a,b]) stetigen reellwertigen Funktionen, versehen mit der Maximumnorm, wählen, wollen wir noch eine lokale KOLMOGOROFF-Bedingung für ein nichtlineares Approximationsproblem mit Gleichungsnebenbedingungen aufstellen.

<u>3.4 Satz:</u> Sei $(E,\|\ \|)$ ein linearer normierter Raum, $w_o \in E$ ein vorgegebenes Element. $A \subset \mathbb{R}^n$ sei offen, $F : \mathbb{R}^n \to E$ sowie $g : \mathbb{R}^n \to \mathbb{R}^k$ seien Abbildungen. Sei $M := \{a \in A : g(a) = \Theta\}$, $a_o \in M$ und $v_o = F(a_o) \in P[w_o, F(M)]$. F sei in a_o HADAMARD-differenzierbar mit HADAMARD-Differential $F'(a_o)$, g sei in a_o stetig (FRÉCHET-) differenzierbar mit Differential $g'(a_o) = \left(\frac{\partial g_i}{\partial a_j}(a_o)\right)_{\substack{i=1,\ldots,k\\ j=1,\ldots,n}}$

$g'(a_o) : \mathbb{R}^n \to \mathbb{R}^k$ sei surjektiv, d.h. Rang $\left(\frac{\partial g_i}{\partial a_j}(a_o)\right)_{\substack{i=1,\ldots,k\\ j=1,\ldots,n}} = k$.

Dann gilt:

Es existiert ein $\lambda \in \mathbb{R}^k$ derart, daß

$$\min_{l \in \Sigma_{w_o - F(a_o)}} l \circ F'(a_o)(h) \leq \lambda^T g'(a_o) h \quad \text{für alle } h \in \mathbb{R}^n.$$

<u>Beweis:</u> Wie beim Beweis von Satz 3.3 definiere man $f_1 : E \to \mathbb{R}$ durch $f_1(x) = \|x - w_o\|$ und $f : \mathbb{R}^n \to \mathbb{R}$ durch $f := f_1 \circ F$. Aus $F(a_o) \in P[w_o, F(M)]$ und $a_o \in M$ folgt, daß a_o eine Lösung der Optimierungsaufgabe ist, f auf M zu minimieren.

Ferner wurde beim Beweis von Satz 3.3 gezeigt, daß f in a_o eine HADAMARD-Variation $f'(a_o)$ besitzt.

Wegen $f'(a_o)(h) = \max_{l \in \Sigma_{F(a_o) - w_o}} l \circ F'(a_o)(h)$ und wegen $F'(a_o) \in L(\mathbb{R}^n, E)$ ist $f'(a_o)$ konvex, also eine konvexe $H(\mathbb{R}^n)$-Variation von f in a_o bezüglich $(-\infty, 0)$. Mit $B = H(\mathbb{R}^n)$ ist $\mathbb{R}^n = B_z(A, a_o)$, da A offen ist. Wegen $g'(a_o)(\mathbb{R}^n) = \mathbb{R}^k$ ist die constraint qualification von Satz II. 2.6 erfüllt, aus dem 2. Maximumprinzip Satz II 2.4 folgt die Existenz von $\lambda \in \mathbb{R}^k$ mit

$$f'(a_o)(h) + \lambda^T g'(a_o) h \geq \Theta \quad \text{für alle } h \in \mathbb{R}^n$$

und dies ist die Behauptung.

Um den Zusammenhang von Satz 3.4 mit einem Ergebnis von GISLASON-LOEB [15] aufzuzeigen, formulieren wir noch das folgende triviale Korollar:

3.5 Korollar: Die Voraussetzungen von Satz 3.4 seien erfüllt. Es sei $N := \{F'(a_o)h \ : \ h \in \ker(g'(a_o))\}$.

Dann ist $\min\limits_{l \in \Sigma_{w_o - F(a_o)}} l(k) \leq 0$ für alle $k \in N$.

Entsprechend zu Satz 3.4 kann man natürlich lokale KOLMOGOROFF-Bedingungen auch für allgemeinere nichtlineare Approximationsaufgaben mit Nebenbedingungen aufstellen, worauf wir aber nicht mehr eingehen wollen. Dafür wollen wir zum Schluß dieses Paragraphen für den Raum $E = C(T)$ die GATEAUX-Variation der Norm bzw. $\min\limits_{l \in \Sigma_w} l(h)$ berechnen.

Das folgende Lemma kann man auch beweisen, indem man die GATEAUX-Variation der Maximumnorm auf $C(T)$ berechnet und Lemma 3.1 anwendet, wir wollen dagegen direkt vorgehen und beweisen:

3.6 Lemma: Sei T ein kompakter metrischer Raum, $E = C(T)$ der lineare Raum der auf T definierten stetigen reellwertigen Funktionen versehen mit der Maximumnorm $\|x\| := \max\limits_{t \in T} |x(t)|$.

Für $w \in E$ sei $\Sigma_w := \{l \in E^* : \|l\| \leq 1, \ l(w) = \|w\|\}$

und $R_w := \{t \in T \ : \ |w(t)| = \|w\|\}$.

Dann gilt i) $\min\limits_{l \in \Sigma_w} l(h) = \min\limits_{t \in R_w} (\operatorname{sign} w(t))h(t)$ für $w \neq \Theta$, $h \in E$.

ii) $\min\limits_{l \in \Sigma_w} l(h) \leq 0 \Rightarrow \min\limits_{t \in R_w} w(t)\,h(t) \leq 0$.

Beweis:

① Sei $t \in R_w$ beliebig. Man definiere $l_t \in E^*$ durch

$l_t(h) = (\operatorname{sign} w(t))\,h(t)$.

Dann ist $l_t \in \Sigma_w$ und daher $\min_{l\in\Sigma_w} l(h) \leq l_t(h)$ für alle $t \in R_w$, so daß $\min_{l\in\Sigma_w} l(h) \leq \min_{t\in R_w}(\operatorname{sign} w(t))\, h(t)$.

② Sei $l \in \Sigma_w$ beliebig. Für alle $n \in \mathbb{N}$ ist dann

$$l(h) = n\,(l(w) - l(w - \tfrac{1}{n}h))$$

$$\geq n\,(\|w\| - \|w - \tfrac{1}{n}h\|)$$

Nach Definition der Maximumnorm existiert eine Folge $\{t_n\} \subset T$ mit $|w(t_n) - \frac{1}{n}h(t_n)| = \|w - \frac{1}{n}h\|$. Da T kompakt ist, besitzt $\{t_n\}$ eine konvergente Teilfolge $\{t_{n_k}\}$, $t_{n_k} \to t^*$. Dann ist $t^* \in R_w$ und $\operatorname{sign}(w(t_{n_k}) - \frac{1}{n_k}h(t_{n_k})) = \operatorname{sign} w(t_{n_k}) = \operatorname{sign} w(t^*)$ für alle hinreichend großen k. Für diese k ist

$$l(h) \geq n_k\,(|w(t_{n_k})| - |w(t_{n_k}) - \tfrac{1}{n_k}h(t_{n_k})|)$$

$$= n_k \operatorname{sign} w(t^*)\,(w(t_{n_k}) - w(t_{n_k}) + \tfrac{1}{n_k}h(t_{n_k}))$$

$$= (\operatorname{sign} w(t^*))\, h(t_{n_k}) \quad \text{und mit } k \to \infty \text{ folgt}$$

$l(h) \geq (\operatorname{sign} w(t^*))\, h(t^*)$ mit $t^* \in R_w$. Also ist

$\min_{t\in R_w} (\operatorname{sign} w(t))\, h(t) \leq l(h)$ für alle $l \in \Sigma_w$ und

daher $\min_{t\in R_w} (\operatorname{sign} w(t))\, h(t) \leq \min_{l\in\Sigma_w} l(h)$.

Damit ist die Aussage i) des Lemmas bewiesen. Aus i) folgt die Aussage ii) aber sofort.

Kombiniert man nun die Sätze 3.2, 3.3, 3.4 oder das Korollar 3.5 mit dem Lemma 3.6, so erhält man das KOLMOGOROFF-Kriterium bei konvexen TSCHEBYSCHEFF'schen Approximationsaufgaben bzw. lokale KOLMOGOROFF-Bedingungen bei nichtlinearen TSCHEBYSCHEFF'schen Approximationsproblemen. Diese Bedingungen sind nun in der Approximationstheorie Ausgangspunkt weiterer Untersuchungen, wie z.B die Frage der Eindeutigkeit bester Approximationen und ihre

Charakterisierung durch Alternanteneigenschaften. Hierauf wollen wir aber nicht näher eingehen, sondern nur noch darauf hinweisen, daß wir mit dem Korollar 3.5 zum Satz 3.4 kombiniert mit dem Lemma 3.6 eine Verallgemeinerung eines Satzes von GISLASON-LOEB [15] bewiesen haben. Wie die beiden Autoren gezeigt haben, ist dieses Ergebnis das wesentliche Hilfsmittel beim Nachweis von Alternanteneigenschaften bester Approximationen bei nichtlinearen TSCHEBYSCHEFF'schen Approximationsaufgaben mit Interpolationsnebenbedingungen.

§4 Einige spezielle Beispiele

Nachdem wir in den vorigen Paragraphen dieses Kapitels auf einige Anwendungen der abstrakten Optimalitätsbedingungen auf gewisse Problemklassen, wie optimale Steuerungsprobleme und Approximationsprobleme, eingegangen sind, wollen wir in diesem Paragraphen anhand einiger spezieller Beispiele untersuchen, wie die notwendigen Optimalitätsbedingungen dazu verwandt werden können, um Informationen über eine Lösung (oder gar die Lösung selber) spezieller Optimierungsprobleme zu gewinnen.

4.1. Beispiel (Ungleichung vom geometrisch-arithmetischen Mittel): Sei $E := \mathbb{R}^n$, $Z_o := Z_2 := \mathbb{R}$, $Y_o := \mathbb{R}_o^+$, $X_o := \{x \in \mathbb{R}^n : x_i > 0, i = 1,\dots,n\}$.

Die Funktion $f(x) := -n^n \prod_{i=1}^{n} x_i$ ist auf X_o unter der Nebenbedingung $g(x) := \sum_{i=1}^{n} x_i - 1 = 0$ zu minimieren. Auf der kompakten Menge $\overline{X_o} \cap \{x \in \mathbb{R}^n : g(x) = 0\}$ besitzt die stetige Funktion f ein Minimum x*, welches sogar in X_o liegt. Wir wollen Satz II.2.3. und Satz II.2.6. anwenden und setzen dafür $H := E = \mathbb{R}^n$. Da X_o offen ist, ist dann $H = B_z(X_o, x^*)$ für $B = \{\Theta\}$. f und g besitzen in x* ein FRÉCHET-Differential, welches mit dem Gradienten von f bzw. g übereinstimmt:

$$f'(x^*) = (-n^n \prod_{\substack{j=1 \\ j \neq i}}^{n} x_j^*)_{i=1,\dots,n}$$

$$g'(x^*) = (1, 1, \dots, 1) \in \mathbb{R}^n$$

Da $g'(x^*)$ offensichtlich surjektiv und $H = \mathbb{R}^n$ ist, ist die constraint qualification von Satz II. 2.6. erfüllt (Ein Nachweis hierfür ist wegen der Ergebnisse in II §5. eigentlich gar nicht mehr nötig!), und es folgt die Existenz eines $\lambda \in \mathbb{R}$ mit

$$f'(x^*) + \lambda g'(x^*) = \Theta \qquad \text{bzw.}$$

$$\lambda = n^n \prod_{\substack{j=1\\ j\neq i}}^{n} x_j^* \qquad \text{für} \quad i = 1,\dots,n$$

$\prod_{j\neq i} x_j^*$ ist also von i unabhängig, aus $g(x^*) = 0$ folgt, daß die Lösung notwendig durch $x^* = \frac{1}{n}\begin{pmatrix}1\\ \vdots\\ 1\end{pmatrix}$ gegeben ist.

Ferner ist $f(x^*) = -1$. Ist nun $x \in X_o$ beliebig, so setze man

$\tilde{x} := \frac{1}{\sum_{i=1}^{n} x_i} x$. Wegen $g(\tilde{x}) = 0$ ist $f(\tilde{x}) \geq f(x^*) = -1$,

und daher

$$n^n \prod_{j=1}^{n} x_j \leq \left(\sum_{i=1}^{n} x_i\right)^n \qquad \text{für alle} \quad x \in X_o,$$

so daß

$$\sqrt[n]{\prod_{j=1}^{n} x_j} \leq \frac{1}{n} \sum_{j=1}^{n} x_j \qquad \text{für alle} \quad x \in \overline{X_o},$$ also für alle Vektoren

$x = (x_j) \in \mathbb{R}^n$ mit nichtnegativen Komponenten $x_j \geq 0$ $(j=1,\dots,n)$.

<u>4.2 Beispiel</u> (HADAMARD'sche Determinantenungleichung):

Für $x_1,\dots,x_n \in \mathbb{R}^n$ sei $G(x_1,\dots,x_n) = \det\,((x_i,x_j))_{i,j=1,\dots,n}$,

wobei (x_i,x_j) das innere (euklidische) Produkt der Vektoren x_i und x_j bedeutet. Man zeigt leicht, daß $G(x_1,\dots,x_n) = 0$ genau dann gilt, wenn $x_1,\dots,x_n$ linear abhängig sind. Wir betrachten die Optimierungsaufgabe, die Funktion $f(x_1,\dots,x_n) = -G(x_1,\dots,x_n)$ auf $E := \mathbb{R}^n \times\dots\times \mathbb{R}^n$ unter der Nebenbedingung

$$g(x_1,\dots,x_n) = \begin{pmatrix}(x_1,x_1)-1\\ \vdots\\ (x_n,x_n)-1\end{pmatrix} = \begin{pmatrix}0\\ \vdots\\ 0\end{pmatrix}$$

zu minimieren.

Dieses Problem besitzt eine Lösung $x^* = (x_1^*,\dots,x_n^*) \in E$, da die stetige Funktion f auf der kompakten Menge

$\{(x_1,\ldots,x_n) \in E : g(x_1,\ldots,x_n) = \begin{pmatrix}0\\ \vdots\\ 0\end{pmatrix}\}$ ihr Minimum annimmt. Wiederum wollen wir Satz II. 2.6. anwenden und setzen $Z_2 := \mathbb{R}^n$ sowie $X_o := H := E = \mathbb{R}^n \times \ldots \times \mathbb{R}^n$ (n Faktoren) und $Z_o := \mathbb{R}$ mit der natürlichen Ordnung. Dann ist $H = B_z(X_o, x^*)$ für $B = \{\Theta\}$, und das FRÉCHET-Differential von f an der Stelle x^* ist gegeben durch

$$f'(x^*)(h_1,\ldots,h_n) =$$
$$= -2 \sum_{i=1}^{n} \det \begin{pmatrix} (x_1^*,x_1^*) \ldots (x_1^*,x_{i-1}^*) & (x_1^*,h_i) & (x_1^*,x_{i+1}^*) \ldots (x_1^*,x_n^*) \\ \vdots & \vdots & \vdots \\ (x_n^*,x_1^*) \ldots (x_n^*,x_{i-1}^*) & (x_n^*,h_i) & (x_n^*,x_{i+1}^*) \ldots (x_n^*,x_n^*) \end{pmatrix}$$

(man entwickele nach der i-ten Spalte!), das von g durch

$$g'(x^*)(h_1,\ldots,h_n) = 2 \begin{pmatrix} (x_1^*,h_1) \\ \vdots \\ (x_n^*,h_n) \end{pmatrix}.$$

Die constraint qualification $g'(x^*)(\mathbb{R}^n \times \ldots \times \mathbb{R}^n) = \mathbb{R}^n$ ist erfüllt, nach Satz II. 2.6 existieren daher $\lambda_1,\ldots,\lambda_n \in \mathbb{R}$ mit

$$f'(x^*)(h_1,\ldots,h_n) + 2 \sum_{i=1}^{n} \lambda_i (x_i^*,h_i) = 0$$

für alle $(h_1,\ldots,h_n) \in \mathbb{R}^n \times \ldots \times \mathbb{R}^n$.

Hieraus folgt

$$\det \begin{pmatrix} (x_1^*,x_1^*) \ldots (x_1^*,x_{i-1}^*) & (x_1^*,h) & (x_1^*,x_{i+1}^*) \ldots (x_1^*,x_n^*) \\ \vdots & \vdots & \vdots \\ (x_n^*,x_1^*) \ldots (x_n^*,x_{i-1}^*) & (x_n^*,h) & (x_n^*,x_{i+1}^*) \ldots (x_n^*,x_n^*) \end{pmatrix} = \lambda_i (x_i^*,h)$$

für alle $h \in \mathbb{R}^n$, $i = 1,\ldots,n$

Setzen wir nacheinander $h = x_i^*$ $(i = 1,\ldots,n)$, so erhalten wir $\lambda_i = G(x^*)$; und setzt man für $j \neq i$ $h = x_j^*$, so folgt $0 = G(x^*)(x_i^*,x_j^*)$. Nun ist $G(x^*) > 0$, da $(e_1,\ldots,e_n)$ (mit e_i = i-ter Einheitsvektor im $\mathbb{R}^n$) der Nebenbedingung $g(x_1,\ldots,x_n) = \Theta$ genügt und da $G(e_1,\ldots,e_n) = 1$. Also ist $\{x_1^*,\ldots,x_n^*\}$ ein Orthonormalsystem im $\mathbb{R}^n$ und daher $f(x^*) = -G(x^*) = -1$.

Mit Hilfe dieses Ergebnisses wollen wir die HADAMARD'sche Determinantenungleichung beweisen, nämlich:

$$|G(x_1,\dots,x_n)| \le \prod_{i=1}^{n} |x_i|^2 \quad \text{für alle } (x_1,\dots,x_n) \in \mathbb{R}^n \times \dots \times \mathbb{R}^n,$$

(wobei $|\ \ |$ auf der rechten Seite dieser Ungleichung wieder die euklidische Norm bedeutet).

O.B.d.A. sind $x_1,\dots,x_n$ von Θ verschieden, setze

$$\tilde{x}_j := \frac{x_j}{|x_j|}, \text{ so daß } g(\tilde{x}_1,\dots,\tilde{x}_n) = \Theta \text{ und daher}$$

$$f(\tilde{x}_1,\dots,\tilde{x}_n) \ge f(x_1^*,\dots,x_n^*) = -1$$

bzw.

$$G(\tilde{x}_1,\dots,\tilde{x}_n) = \frac{1}{\prod_{i=1}^{n} |x_i|^2} G(x_1,\dots,x_n) \le 1,$$

womit die Behauptung bewiesen ist.

<u>4.3 Beispiel</u> (Horse racing Problem): Das folgende Beispiel ist bei LUENBERGER [39, S.203 f.] mit anderen Methoden behandelt worden, wir wollen das Maximumprinzip anwenden.

Wir untersuchen das Problem, eine "optimale" Wette über insgesamt x_o DM in einem Pferderennen mit n Pferden abzuschließen. Sei

x_i = gesuchter Wettbetrag für das i-te Pferd.

p_i = Wahrscheinlichkeit dafür, daß das i-te Pferd gewinnt.

s_i = Wettbetrag, den alle anderen Wetter auf das i-te Pferd setzen.

$c \in (0,1)$: Der Rennveranstalter und der Staat behalten $(1-c)$ x Gesamtwettbetrag ein. Der Rest wird im Verhältnis zu dem Betrag verteilt, der jeweils auf das siegreiche Pferd gesetzt wurde.

Dann ist (es werde $s_i, p_i > 0$ $(i=1,\dots,n)$, $x_o > 0$ vorausgesetzt)

$x_o + \sum_{i=1}^{n} s_i$ = Gesamtwettbetrag für alle Pferde des Rennens.

$c(x_o + \sum_{i=1}^{n} s_i)$ = auszuschüttender Gesamtbetrag

$c(x_o + \sum_{i=1}^{n} s_i) \circ \frac{x_i}{s_i + x_i}$ = Betrag, den man gewinnt, wenn das i-te Pferd gewinnt.

Der zu erwartende Gewinn ist daher

$$R(x) = c(x_o + \sum_{i=1}^{n} s_i) \circ \sum_{i=1}^{n} \frac{p_i x_i}{s_i + x_i} - x_o.$$

Das Problem, eine optimale Wette zu finden, besteht also darin, R unter den Nebenbedingungen

$$x_i \geq 0 \quad (i = 1,\dots n), \quad \sum_{i=1}^{n} x_i - x_o = 0$$

zu maximieren.

Definiert man $E := \mathbb{R}^n$, $f : \mathbb{R}^n \to \mathbb{R}$ durch $f(x) := -\sum_{i=1}^{n} \frac{p_i x_i}{s_i + x_i}$,

$X_o := \{x \in \mathbb{R}^n : x_i \geq 0 \ (i = 1,\dots n)\}$ und $g : \mathbb{R}^n \to \mathbb{R}$ durch

$g(x) := \sum_{i=1}^{n} x_i - x_o$, so ordnet sich die Aufgabe, f auf $X_o \cap \{x \in \mathbb{R}^n : g(x) = 0\}$ zu minimieren, unserer allgemeinen Aufgabenstellung unter (es treten keine Ungleichungsrestriktionen sondern nur explizite Restriktionen in Form von Vorzeichenbedingungen und eine Gleichungsrestriktion auf) und ist mit unserem "Wettproblem" äquivalent.

Das Optimierungsproblem, die stetige Funktion f auf der kompakten Menge $X_o \cap \{x \in \mathbb{R}^n : g(x) = 0\}$ zu minimieren besitzt eine Lösung x^*. Wir wollen zeigen, daß die Voraussetzungen von Satz II 2.3 und II 2.6 (zugehörige constraint qualification) erfüllt sind.

Wir setzen $B = \{\Theta\}$ und $I^* := \{i \in \{1,\ldots,n\} : x_i^* = 0\}$.

Dann ist offenbar

$$B_z(X_o,x^*) = \{h \in \mathbb{R}^n : h_i \geq 0 \text{ für } i \in I^*\} =: H$$

konvex, die Differenzierbarkeitsvoraussetzungen von Satz II 2.3 sind erfüllt:

$$f'(x^*)h = -\sum_{i=1}^{n} \frac{p_i\, s_i\, h_i}{(x_i^* + s_i)^2}, \qquad g'(x^*)h = \sum_{i=1}^{n} h_i \,.$$

Die constraint qualification von Satz II 2.6 ist erfüllt:
Da $\Theta \in H$ und $g'(x^*)(\Theta) = 0$ genügt es noch zu zeigen, daß $0 \in (g'(x^*)(H))^o$. Da aber $g'(x^*)(H) = \mathbb{R}$ wegen $I^* \subsetneqq \{1,..,n\}$, ist dies richtig und die Voraussetzungen von Satz II 2.6 sind schließlich erfüllt.

Damit folgt die Existenz von $\lambda \in \mathbb{R}$ mit

$$f'(x^*)h + \lambda g'(x^*)h = \sum_{i=1}^{n} \left(\lambda - \frac{p_i\, s_i}{(x_i^*+s_i)^2}\right) h_i \geq 0$$

$$\text{für alle } h \in H = \{h \in \mathbb{R}^n : h_i \geq 0 \text{ für } i \in I^*\} \,.$$

Dies gilt auch komponentenweise:

$$\left(\lambda - \frac{p_i\, s_i}{(x_i^*+s_i)^2}\right) k \geq 0 \text{ für alle } \begin{cases} k \in \mathbb{R} & \text{falls } i \notin I^* \\ k \geq 0 & \text{falls } i \in I^* \end{cases}$$

Ist $x_i^* > 0$, so ist also $\lambda - \frac{p_i\, s_i}{(x_i^*+s_i)^2} = 0$, $x_i^* = \sqrt{\frac{p_i\, s_i}{\lambda}} - s_i$ und $0 < \lambda < \frac{p_i}{s_i}$. Damit haben wir erhalten:

(a) Ist $\frac{p_i}{s_i} \leq \lambda$, so ist $x_i^* = 0$

(b) Ist $\frac{p_i}{s_i} > \lambda$, so ist $x_i^* = \sqrt{\frac{p_i\, s_i}{\lambda}} - s_i > 0$

(denn aus $x_i^* = 0$ bzw. $i \in I^*$ folgt $\lambda - \frac{p_i\, s_i}{(x_i^*+s_i)^2} \geq 0$, also $\lambda - \frac{p_i}{s_i} \geq 0$).

Nun ist

$$0 = g(x^*) = \sum_{i=1}^{n} x_i^* - x_o = \sum_{i\,:\,\frac{p_i}{s_i} > \lambda} \left(\sqrt{\frac{p_i\, s_i}{\lambda}} - s_i\right) - x_o =: s(\lambda).$$

Man muß also λ als Nullstelle von $s : (0,\infty) \to \mathbb{R}$ berechnen. Da s stetig ist und $\lim_{\lambda\to 0+} s(\lambda) = +\infty$, $\lim_{\lambda\to+\infty} s(\lambda) = -x_o < 0$ existiert eine Nullstelle, da s streng monoton fallend ist, existiert sogar genau eine Nullstelle.

Wir haben folgendes Beispiel durchgerechnet: Es sei $n = 6$, $x_o = 100$. p_i, s_i $(i = 1,\dots,6)$ seien gegeben durch

i	1	2	3	4	5	6
p_i	$\frac{1}{4}$	$\frac{1}{8}$	$\frac{1}{8}$	$\frac{1}{6}$	$\frac{1}{6}$	$\frac{1}{6}$
s_i	2800	1500	1400	1900	2000	1800

Mit Hilfe der Regula-Falsi erhält man $\lambda = 8.74270 \cdot 10^{-5}$ und als optimale "Wettstrategie"

$$x^* = (29.61,\ 0,\ 14.80,\ 3.17,\ 0,\ 52.42)$$

Bisher haben wir einige endlichdimensionale Beispiele betrachtet, im folgenden wollen wir uns mit unendlichdimensionalen Problemen beschäftigen.

<u>4.4 Beispiel</u> (Kontrolle der Luftverschmutzung):
Wir wollen im folgenden ein Problem bei der Kontrolle der Luftverschmutzung betrachten, das u.a. auch von KRABS [32], HENNKISCHKA [19] behandelt wurde.

In einem vorgegebenen kompakten Bereich $B \subset \mathbb{R}^k$ soll eine gewisse Luftqualität garantiert werden. Es wird angenommen, daß es n kontrollierbare Quellen gibt, die an der Stelle $t \in B$ im Jahresdurchschnitt $u_1(t),\dots,u_n(t)$ zur Luftverschmutzung beitragen.

Zusätzlich gebe es eine unkontrollierbare Quelle u_o. An jeder Stelle $t \in B$ sei ein Standardwert $S(t)$ vorgegeben: die Luftverschmutzung an der Stelle $t \in B$ darf den Wert $S(t)$ nicht überschreiten.

Wir wollen die kontrollierbaren Quellen durch die Faktoren $y_1, \ldots, y_n$ so steuern, daß die Gesamtverschmutzung in jedem Punkt von B nicht über dem Standardwert $S(t)$ liegt. Unsere Nebenbedingungen lauten daher

$$\sum_{j=1}^{n} y_j u_j(t) + u_o(t) \leq S(t) \quad \text{für alle } t \in B$$

$$\text{und} \qquad 0 \leq y_j \leq 1 \quad (j = 1, \ldots n).$$

Die durch die Kontrolle entstehenden Kosten $\sum_{j=1}^{n} (1-y_j)c_j$ sind dabei zu minimieren.

Diese Aufgabenstellung führt auf folgendes Optimierungsproblem:

Minimiere $f : \mathbb{R}^n \to \mathbb{R}$ definiert durch $f(x) := \sum_{j=1}^{n} x_j c_j$

unter den Nebenbedingungen

$$\text{(P)} \qquad 0 \leq x_j \leq 1 \qquad (j = 1, \ldots n)$$

$$\sum_{j=1}^{n} x_j u_j(t) \geq v(t) \quad \text{für alle } t \in B$$

(Man setze $x_j := 1 - y_j$ und $v := \sum_{j=0}^{n} u_j - S$).

Beim Optimierungsproblem (P) (ein sogenanntes "semiinfinites" Problem) sind $c_1, \ldots, c_n$ gegebene reelle Zahlen und die reellwertigen Funktionen $u_1, \ldots, u_n, v$ werden als stetig auf B vorausgesetzt: $u_j, v \in C(B)$ für $j = 1, \ldots, n$.

Folgende Annahmen werden gemacht:

① $c_j > 0$ für $j = 1, \ldots n$.

Dies ist sinnvoll, da die Regulierungsmaßnahmen Kosten verursachen.

(2) $u_j(t) \geq 0$ für alle $t \in B$, $u_j \neq \Theta$ $(j=1,\ldots n)$,

d.h. die j-te Quelle liefert einen Beitrag zur Luftverschmutzung. Ferner gibt es ein $t \in B$ mit $v(t) > 0$. Andernfalls braucht gar nicht reguliert zu werden, und $x = \Theta$ ist Lösung von (P).

(3) $\sum_{j=1}^{n} u_j(t) > v(t)$ für alle $t \in B$.

Dies bedeutet, daß die "Standardfunktion" S größer als die konstante Verschmutzung u_o ist, was ebenfalls sinnvoll ist.

(P) besitzt offenbar eine Lösung x^*. Mit Hilfe des Maximumprinzips Satz II 2.3 bzw. II 2.6 wollen wir Informationen über diese Lösung gewinnen, die in konkreten Situationen zu einer Berechnung einer Lösung führen können.

Definiert man $E := \mathbb{R}^n$, $X_o := \{x \in \mathbb{R}^n : 0 \leq x_j \leq 1 \quad (j=1,\ldots n)\}$, $Z_1 := \mathbb{R}$, $Y_1 := [0,\infty)$ und $g_1 : \mathbb{R}^n \to \mathbb{R}$ durch

$$g_1(x) := \max_{t \in B} \{v(t) - \sum_{j=1}^{n} x_j u_j(t)\}$$, so ist das Problem (P)

äquivalent damit, das lineare Funktional $f : E \to \mathbb{R}$ auf $X_o \cap X_1$ zu minimieren, wobei

$$X_1 := \{x \in E : g_1(x) \in -Y_1\} = \{x \in \mathbb{R}^n : g_1(x) \leq 0\}$$
$$= \{x \in \mathbb{R}^n : \sum_{j=1}^{n} x_j u_j(t) \geq v(t) \text{ für alle } t \in B\} .$$

Damit ordnet sich das Problem (P) unserer allgemeinen Formulierung unter.

Im folgenden sei x^* eine Lösung von (P).

(a) g_1 besitzt eine konvexe GATEAUX-Variation in x^*, die gegeben ist durch

$$g_1'(x^*)(h) = \max_{t\in T(x^*)} \left(- \sum_{j=1}^{n} h_j u_j(t)\right) \text{ mit}$$

$$T(x^*) = \{t \in B : v(t) - \sum_{j=1}^{n} x_j^* u_j(t) = g_1(x^*)\}$$

(nach Satz II 4.5 ist $g_1'(x^*)$ dann auch eine konvexe $\{\Theta\}$-Variation von g_1 in x^* bezüglich $(-\infty,0)$).

Um ⓐ einzusehen, beachte man zunächst, daß g_1 als konvexes Funktional eine GATEAUX-Variation $g_1'(x^*)$ besitzt, d.h.

$$\lim_{s\to 0+} \frac{1}{s} \{g_1(x^*+sh) - g_1(x^*)\} = g_1'(x^*)(h)$$

existiert für jedes $h \in \mathbb{R}^n$, ferner ist

$$g_1'(x^*)(h) \le \frac{1}{s} \{g_1(x^*+sh) - g_1(x^*)\} \quad \text{für jedes } s > 0$$

(siehe Beweis zu Lemma 3.1). Für beliebige $s > 0$, $t \in T(x^*)$ ist

$$- \sum_{j=1}^{n} h_j u_j(t) \le \frac{1}{s} \{g_1(x^*+sh) - g_1(x^*)\}, \text{ also ist}$$

$$\max_{t\in T(x^*)} \left(- \sum_{j=1}^{n} h_j u_j(t)\right) \le g_1'(x^*)(h) \quad \text{für jedes } h \in \mathbb{R}^n.$$

Sei $\{s_k\} \subset \mathbb{R}^+$ eine Folge mit $s_k \to 0$, $h \in \mathbb{R}^n$ sei vorgegeben. Dann existiert eine Folge $\{t_k\} \subset B$ mit

$$g_1(x^*+s_k h) = v(t_k) - \sum_{j=1}^{n} (x_j^* + s_k h_j) u_j(t_k).$$

Da B kompakt ist, existiert eine konvergente Teilfolge $\{t_{k_i}\} \subset \{t_k\}$, $t_{k_i} \to t^* \in B$. Aus $g_1(x^*+s_k h) \to g_1(x^*)$ für $k \to \infty$ und der Stetigkeit von v, u_j $(j = 1,\ldots,n)$ folgt

$$v(t^*) - \sum_{j=1}^{n} x_j^* u_j(t^*) = g_1(x^*),$$

also $t^* \in T(x^*)$. Weiter ist

$$\frac{1}{s_{k_i}} \{g_1(x^*+s_{k_i} h) - g_1(x^*)\} \le - \sum_{j=1}^{n} h_j u_j(t_{k_i})$$

Mit $i \to \infty$ folgt

$$g_1'(x^*)(h) \leq - \sum_{j=1}^{n} h_j u_j(t^*) \leq \max_{t \in T(x^*)} \left(- \sum_{j=1}^{n} h_j u_j(t)\right),$$

womit ⓐ bewiesen ist.

ⓑ Sei $I_o^* = \{j \in \{1,\ldots,n\} : x_j^* = 0\}$ und

$I_1^* = \{j \in \{1,\ldots,n\} : x_j^* = 1\}$.

Bezüglich $B = \{\Theta\}$ ist die Menge der zulässigen Richtungen an X_o in x^*dann gegeben durch

$B_z(X_o,x^*) = \{h \in \mathbb{R}^n : h_j \geq 0$ für $j \in I_o^*$, $h_j \leq 0$ für $j \in I_1^*\}$

und $H := B_z(X_o,x^*)$ ist konvex.

Wir wollen noch die constraint qualification von Satz II 2.6. nachweisen und setzen $h_j := 1 - x_j^*$. Dann ist $h = (h_j) \in H$ und

$$g_1(x^*) + g_1'(x^*)h = g_1(x^*) + \max_{t \in T(x^*)} \left(- \sum_{j=1}^{n} (1 - x_j^*) u_j(t)\right)$$

$$= \max_{t \in T(x^*)} \left(g_1(x^*) + \sum_{j=1}^{n} x_j^* u_j(t) - \sum_{j=1}^{n} u_j(t)\right)$$

$$= \max_{t \in T(x^*)} \left(v(t) - \sum_{j=1}^{n} u_j(t)\right)$$

< 0 wegen Bedingung ③

ⓒ Satz II 2.6. ergibt die Existenz von $\lambda \geq 0$ mit

i) $\lambda g_1(x^*) = 0$

ii) $\sum_{j=1}^{n} h_j c_j + \lambda \max_{t \in T(x^*)} \left(- \sum_{j=1}^{n} h_j u_j(t)\right) \geq 0$ für alle $h \in H$.

Wäre nun $g_1(x^*) < 0$, so wäre wegen i) $\lambda = 0$, also wegen ii) $\sum_{j=1}^{n} h_j c_j \geq 0$ für alle $h \in H$. Nun ist $I_o^* \subsetneqq \{1,\ldots,n\}$ wegen Bedingung ② . Also existiert ein $j_o \in \{1,\ldots,n\} \setminus I_o^*$. Dann ist aber $-e_{j_o} \in H$, wobei e_{j_o} der j_o-te Einheitsvektor im $\mathbb{R}^n$ sei, und wegen $c_{j_o} > 0$ (Bedingung ①) ergibt sich ein Widerspruch.

Also ist $T(x^*) = \{t \in B : v(t) - \sum_{j=1}^{n} x_j^* u_j(t) = 0\}$

Man definiere nun die Vektoren $\tilde{e}_j \in \mathbb{R}^n$ durch

$$\tilde{e}_j := \begin{cases} -e_j & \text{falls } j \in I_o^* \text{, also } x_j^* = 0 \\ e_j & \text{falls } j \in I_1^* \text{, also } x_j^* = 1 \\ 0 & \text{falls } j \notin (I_o^* \cup I_1^*) \text{, also } x_j^* \in (0,1), \end{cases}$$

wobei e_j der j-te Einheitsvektor im $\mathbb{R}^n$ sei.

Setzt man

$$K := c - \lambda \operatorname{con}\{u(t) : t \in T(x^*)\} + \{\sum_{j=1}^{n} s_j \tilde{e}_j : s_j \geq 0\}$$

mit

$$c = \begin{pmatrix} c_1 \\ \vdots \\ c_n \end{pmatrix}, \quad u(t) = \begin{pmatrix} u_1(t) \\ \vdots \\ u_n(t) \end{pmatrix},$$

so ist K eine konvexe, abgeschlossene Teilmenge des $\mathbb{R}^n$!

Die Konvexität von K ist klar, zu zeigen ist nur die Abgeschlossenheit: Wegen der Kompaktheit von $T(x^*)$ ist auch $\{u(t) : t \in T(x^*)\}$ kompakt, dann aber auch die konvexe Hülle $\operatorname{con}\{u(t) : t \in T(x^*)\}$ (siehe z.B. COLLATZ-KRABS [8 , S. 187] , also ist auch $-\lambda \operatorname{con}\{u(t) : t \in T(x^*)\}$ kompakt. Da $c + \{\sum_{j=1}^{n} s_j \tilde{e}_j : s_j \geq 0\}$ offenbar abgeschlossen ist, ist K als Summe einer kompakten und einer abgeschlossenen Menge selbst abgeschlossen.

ⓓ Es ist $\Theta \in K$!

Denn wäre $\Theta \notin K$, so ließen sich $\{\Theta\}$ und K strikt trennen (Satz I. 2.5), so daß ein $h \in \mathbb{R}^n$ existiert mit

$$h^T(c-\lambda u(t)+\sum_{j=1}^{n} s_j\tilde{e}_j) < 0 \quad \text{für alle} \quad t\in T(x^*),$$
$$s_j \geq 0 \quad (j=1,\dots,n).$$

Hieraus folgt für alle $j=1,\dots,n$:

$$s\cdot(h^T\tilde{e}_j) < h^T(\lambda u(t)-c) \quad \text{für alle} \quad t\in T(x^*),\ s\geq 0,$$

so daß

$$j\in I_o^* \Rightarrow s(h^T\tilde{e}_j) = -s\cdot h_j < h^T(\lambda u(t)-c) \text{ für alle } s\geq 0$$
$$\Rightarrow h_j \geq 0$$
$$j\in I_1^* \Rightarrow s(h^T\tilde{e}_j) = s\,h_j < h^T(\lambda u(t)-c) \text{ für alle } s\geq 0$$
$$\Rightarrow h_j\leq 0,$$

und damit $h\in H$. Speziell ist

$$h^Tc+\lambda(-h^Tu(t)) < 0 \text{ für alle } t\in T(x^*),$$

also ist auch

$$h^Tc+\lambda\max_{t\in T(x^*)}(-h^Tu(t)) = \sum_{j=1}^{n} h_jc_j+\lambda\max_{t\in T(x^*)}(-\sum_{j=1}^{n} h_ju_j(t)) < 0,$$

ein Widerspruch zu ©.

ⓔ Es existieren $t_1,\dots,t_m\in T(x^*)$ und $\lambda_1,\dots,\lambda_m\geq 0$ derart daß

$$j\in I_o^* \text{ (d.h. } x_j^*=0) \Rightarrow c_j \geq \sum_{i=1}^{m}\lambda_i u_j(t_i)$$

$$j\in I_1^* \text{ (d.h. } x_j^*=1) \Rightarrow c_j \leq \sum_{i=1}^{m}\lambda_i u_j(t_i)$$

$$j\in\{1,\dots,n\}\setminus(I_o^*\cup I_1^*) \text{ (d.h. } x_j^*\in(0,1)) \Rightarrow c_j = \sum_{i=1}^{m}\lambda_i u_j(t_i)$$

(Diese Aussagen entsprechen genau dem (korrigierten) Ergebnis bei KRABS [32, S. 135]).

Denn: Es ist $\Theta\in K$, also existieren $\mu_1,\dots,\mu_m\geq 0$, $\sum_{i=1}^{m}\mu_i=1$, $t_1,\dots,t_m\in T(x^*)$ und $s_1,\dots,s_n\geq 0$ mit

$$\Theta = c - \lambda \sum_{i=1}^{m} \mu_i u(t_i) + \sum_{j=1}^{n} s_j \tilde{e}_j .$$

Setzt man nun $\lambda_i := \lambda\mu_i$ und betrachtet man die letzte Gleichung komponentenweise, so folgt die Behauptung ⓔ.

Wir wollen nun an einem einfachen Zahlenbeispiel zeigen, daß die oben gewonnenen notwendigen Bedingungen zur Lösungsfindung beitragen können.

Sei $B = [-1,1]$, $u_1(t) = \frac{1}{t+2}$, $u_2(t) = \frac{1}{2}(t+1)^3$ und

$v(t) = \frac{1}{2}$, ferner sei $c_1 = c_2 = 1$. Dann sind die Regularitätsannahmen ①, ②, ③ erfüllt. $x^* = (x_1^*, x_2^*)$ sei eine Lösung der Aufgabe, $x_1 + x_2$ zu minimieren unter den Nebenbedingungen

$$x_1 u_1(t) + x_2 u_2(t) \geq v(t) \quad \text{für alle} \quad t \in [-1,1]$$
$$x_1, x_2 \in [0,1].$$

Die Menge $T(x^*) = \{t \in [-1,1] : x_1^* u_1(t) + x_2^* u_2(t) = v(t)\}$ ist notwendig einpunktig, da die Funktion

$$\phi(t) := v(t) - x_1^* u_1(t) - x_2^* u_2(t)$$

in $[-1,1]$ strikt konkav ist. Sei $T(x^*) = \{t^*\}$. Dann gilt:

ⓐ $\phi(t^*) = 0$

ⓑ $$\phi'(t^*) \begin{cases} = 0 & \text{falls} \quad t^* \in (-1,1) \\ \leq 0 & \text{falls} \quad t^* = -1 \\ \geq 0 & \text{falls} \quad t^* = 1 \end{cases}$$

und es existiert ein $\lambda > 0$ mit

i) $x_i^* \in (0,1) \Rightarrow 1 = \lambda u_i(t^*)$

ii) $x_i^* = 0 \Rightarrow 1 \geq \lambda u_i(t^*)$

iii) $x_i^* = 1 \Rightarrow 1 \leq \lambda u_i(t^*)$.

Wir machen eine Fallunterscheidung.

A) $x_1^*, x_2^* \in (0,1)$.

Aus $1 = \lambda \frac{1}{t^*+2}$, $1 = \frac{\lambda}{2}(t^*+1)^3$ erhält man $t^* = 0$ und $\lambda = 2$. Aus

$\phi(t^*) = 0$ bzw. $x_1^* + x_2^* = 1$

und

$\phi'(t^*) = 0$ bzw. $-x_1^* + 6x_2^* = 0$

erhält man $(x_1^*, x_2^*) = (\frac{6}{7}, \frac{1}{7})$. Dieser Punkt x^* ist in der Tat zulässig für unser Problem, als Wert der Zielfunktion f ergibt sich $f(x^*) = 1$.

B) $x_1^* = 0$ oder $x_1^* = 1$, $x_2^* = 0$ oder $x_1^* = 1$

führt man leicht dadurch zum Widerspruch, daß man zeigt, daß die Restriktionen nicht erfüllt sind oder keine optimale Lösung vorliegen kann, da der Zielfunktionswert notwendig größer als 1 ist. Also ist $(x_1^*, x_2^*) = (\frac{6}{7}, \frac{1}{7})$ die Lösung des obigen Optimierungsproblems.

Es folgen einige spezielle optimale Steuerungsprobleme, deren Lösung wir mit Hilfe der in §1 erhaltenen Sätze berechnen wollen.

<u>4.5 Beispiel</u> (Optimale Werkstückgeschwindigkeit auf einem Werkzeugautomaten).

Wir betrachten hier ein optimales Steuerungsproblem, das von NEUMANN [45] mit Hilfe der dynamischen Optimierung näherungsweise gelöst wurde. Es handelt sich hierbei um die Aufgabe, auf einem festen Zeitintervall [0,T] die Durchlaufgeschwindigkeit (Vorschub) u eines Werkzeugautomaten so zu steuern, daß der Gewinn aus den produzierten "guten" Werkstücken maximal wird. Man erhält dann (nähere Begründung siehe NEUMANN [45, S. 119 f]) ein optimales Steuerungsproblem auf dem festen Zeitintervall [0,T] ohne Endbedingung, das durch die folgenden Daten gegeben ist:

ⓐ Der Prozeß ist definiert durch

$$\dot{x} = -b\,x\,u$$

mit einer Konstanten $b > 0$.

(Der Zustand x des Werkzeugautomaten ist gegeben durch das Verhältnis der von ihm produzierten "guten" Werkstücke zu den insgesamt produzierten Werkstücken).

ⓑ Es ist ein Anfangszustand

$$x(0) = c$$

mit $c \in (0,1]$ gegeben.

($c = 1$ würde z.B. bedeuten, daß der Werkzeugautomat noch nicht abgenutzt ist).

ⓒ Der Steuerbereich Ω sei gegeben durch

$$\Omega = [0, u_{max}],$$

wobei $u_{max} > 0$ also die maximale Durchlaufgeschwindigkeit bezeichnet.

ⓓ Die zu minimierende Zielfunktion ist gegeben durch

$$C(x,u) = \int_0^T \{k(u(t))e^{-\beta t} - a\,x(t)\,u(t)\}\,dt$$

mit positiven Konstanten a, β und einer nichtnegativen, monoton wachsenden und stückweise stetig differenzierbaren Funktion k.

Es wird angenommen, daß es eine optimale stückweise stetige Steuerung u^* gibt, der zugehörige optimale Zustand x^* ist dann durch ⓐ, ⓑ eindeutig gegeben. Offenbar sind die Voraussetzungen von Satz 1.8 erfüllt und man erhält:

Ist η die Lösung von

$$-\dot{\eta} = -b\,u^*(t)\eta + a\,u^*(t), \quad \eta(T) = 0,$$

(d.h. der adjungierten Gleichung),

so ist für alle $u \in [0, u_{max}]$ und alle $t \in [0,T]$:

$$-\eta(t)\,b\,x^*(t)\,u + a\,x^*(t)\,u - k(u)\,e^{-\beta t} \leq$$

$$-\eta(t)\,b\,x^*(t)\,u^*(t) + a\,x^*(t)\,u^*(t) - k(u^*(t))\,e^{-\beta t}$$

bzw.

$$e^{\beta t}\,x^*(t)\,(a - b\,\eta(t))\,(u - u^*(t)) \leq k(u) - k(u^*(t))$$

Definiert man nun $h(t) := x^*(t)(a - b\eta(t))$, so ist

$$\dot{h}(t) = \dot{x}^*(t)(a - b\eta(t)) - b\,x^*(t)\,\dot{\eta}(t)$$
$$= -b\,x^*(t)\,u^*(t)(a - b\,\eta(t)) + b\,x^*(t)(-b\,u^*(t)\eta(t) + a\,u^*(t))$$
$$= 0,$$

also $h(t) = c_o$ konstant. Da ferner

$$c\,e^{-bu_{max} t} \leq x^*(t) \leq c \quad \text{für alle} \quad t \in [0,T] \;,$$

ist $c_o = h(T) = x^*(T)(a - b\eta(T)) = a\,x^*(T) > 0$.

Aus

$$c_o e^{\beta t}(u - u^*(t)) \leq k(u) - k(u^*(t))$$

für alle $u \in [0,u_{max}]$ und alle $t \in [0,T]$

erhält man:

i) Ist $0 < u^*(t) < u_{max}$,
so ist
$$k'(u^*(t) - 0) \leq c_o e^{\beta t} \leq k'(u^*(t) + 0)$$

ii) Ist $u^*(t) = 0$, so ist $c_o e^{\beta t} \leq k'(0)$

iii) Ist $u^*(t) = u_{max}$, so ist $k'(u_{max}) \leq c_o e^{\beta t}$

Ist k eine stückweise lineare Funktion, so kann man aus i), ii), iii) offenbar leicht weitere Informationen gewinnen. Wir untersuchen das von NEUMANN angegebene Zahlenbeispiel näher. Hier ist $u_{max} = 0.6$ und die Funktion k gegeben durch

$$k(u) = \begin{cases} u & \text{für} \quad u \in [0, 0.1] \\ 2.5\,u - 0.15 & \text{für} \quad u \in [0.1, 0.35] \\ 0.5\,u + 0.55 & \text{für} \quad u \in [0.35, 0.6] \;, \end{cases}$$

ferner ist $T = 1$, $a = b = 5$, $\beta = 1$ und $c = 1$ gesetzt.

Wegen i) sind als Werte für $u^*(t)$ nur $0, u_{max} = 0.6$ und die Sprungstelle 0.1 von k' möglich (die andere Sprungstelle 0.35 wird wegen $2.5 = k'(0.35 - 0) > k'(0.35 + 0) = 0.5$ nicht angenommen). Setzt man diese Werte in i) - iii) ein und verwendet die Ungleichung $c_o e^{\beta t}(u - u^*(t)) \leq k(u) - k(u^*(t))$, so erhält man

$$c_o e^{\beta t} < 1 \quad \Rightarrow \quad u^*(t) = 0$$

$$1 < c_o e^{\beta t} < 1.5 \quad \Rightarrow \quad u^*(t) = 0.1$$

$$1.5 < c_o e^{\beta t} \quad \Rightarrow \quad u^*(t) = 0.6$$

Daher hat die optimale Steuerung u* notwendig die folgende Form:

$$u^*(t) = \begin{cases} 0 & \text{für} \quad t \in [0,t_1) \\ 0.1 & \text{für} \quad t \in [t_1,t_2) \\ 0.6 & \text{für} \quad t \in [t_2,1] \end{cases}$$

Aus $c_o = a\,x^*(T) = 5\,\exp(0.5 \cdot t_1 + 2.5\,t_2 - 3)$ erhält man $c_o e^{\beta t} = 5\,\exp(0.5\,t_1 + 2.5\,t_2 - 3 + t)$. Die Sprungstellen t_1, t_2 sind nun als Lösungen von

$$c_o e^{\beta t_1} = 1 \quad \text{und} \quad c_o e^{\beta t_2} = 1.5$$

zu berechnen. Dies ergibt das lineare Gleichungssystem

$$1.5\,t_1 + 2.5\,t_2 = 3 - \ln 5$$
$$0.5\,t_1 + 3.5\,t_2 = 3 + \ln 0.3$$

mit der Lösung $t_1 = 0.094224826$

$t_2 = 0.499689938$

4.6 Beispiel (Lineares zeitoptimales Steuerungsproblem).

Von HASSAN et al [18] wird die zeitoptimale Steuerung eines Nuklearreaktors untersucht, von MAURER-HEIDEMANN wurde diese Aufgabe mit Hilfe der sogenannten Mehrzielmethode numerisch gelöst. Wir wollen hier das Maximumprinzip bzw. Satz 1.7 auf ein entsprechendes lineares Problem anwenden und die zugehörige optimale Steuerung bestimmen.

Gegeben sei das lineare zeitoptimale Steuerungsproblem, die Zielfunktion $C(x,u,T) = T$ unter den Nebenbedingungen

$$\dot{x}_1 = -k_1 x_1 + k_2 x_2 + n_o k_1 x_3 \qquad x_1(0) = n_o \quad x(T) = n_T$$

$$\dot{x}_2 = k_1 x_1 - k_2 x_2 \qquad x_2(0) = \frac{n_o k_1}{k_2} \quad x_2(T) = \frac{n_T k_1}{k_2}$$

$$\dot{x}_3 = u \qquad x_3(0) = 0 \quad x_3(T) = 0$$

und $|u| \leq u_{max}$ zu minimieren. Hierbei seien n_o, n_T, k_1, k_2, u_{max} positive reelle Zahlen und $n_o < n_T$. Bevor wir Satz 1.7 anwenden, leiten wir zwei für das Folgende wichtige Beziehungen her.

Ist (x,u,T) zulässig, so gilt

i) $\int_0^T x_3(t)dt = \frac{(n_T - n_o)(k_1 + k_2)}{n_o k_1 k_2}$

Dies folgt sofort aus $\dot{x}_1 + \dot{x}_2 = n_o k_1 x_3$ durch Integration über $[0,T]$ und Berücksichtigung der Anfangs- und Endbedingungen.

ii) $\int_0^T e^{(k_1 + k_2)t} u(t)dt = 0$

Differenziert man $\dot{x}_1 = -k_1 x_1 + k_2 x_2 + n_o k_1 x_3$, multipliziert mit $e^{(k_1 + k_2)t}$ und integriert über $[0,T]$, so erhält man nach einfacher Rechnung diese Gleichung.

Nun nehmen wir an, (x^*,u^*,T^*) sei optimal und wenden Satz 1.7 an. Wir erhalten die Existenz einer nichttrivialen Lösung η der adjungierten Gleichungen

$$-\dot{\eta}_1 = -k_1(\eta_1 - \eta_2)$$
$$-\dot{\eta}_2 = k_2(\eta_1 - \eta_2)$$
$$-\dot{\eta}_3 = n_o k_1 \eta_1$$

mit $\eta_3(t)(u - u^*(t)) \leq 0$ für fast alle $t \in [0,T^*]$ und alle $u \in [-u_{max}, u_{max}]$. Hieraus folgt:

Ist $\eta_3(t) \neq 0$, so ist $u^*(t) = u_{max} \operatorname{sgn}(\eta_3(t))$.

Wie man leicht nachrechnet, hat η_3 die Form

$$\eta_3(t) = a\, e^{(k_1+k_2)t} + b\,t + c$$

mit Konstanten a, b, c und besitzt daher höchstens zwei Nullstellen t^*, t^{**} in $[0,T^*]$ (η_3 verschwindet nicht identisch, da andernfalls $\eta = (\eta_1, \eta_2, \eta_3) = \Theta$). Also ist die optimale Steuerung u^* stückweise konstant mit höchstens zwei Sprungstellen t^*, t^{**}.

Wir machen eine Fallunterscheidung.

① u^* konstant auf $[0,T^*]$.

Ist $u^*(t) = u_{max}$ oder $u^*(t) = -u_{max}$, so ist $x_3^*(t) = u_{max}t$ oder $x_3^*(t) = -u_{max}t$ und die Endbedingung $x_3^*(T^*) = 0$ ist verletzt.

② $u^*(t)$ hat eine Sprungstelle in $(0,T^*)$.

Dann ist

$$\text{i)}\quad u^*(t) = \begin{cases} u_{max} & \text{für } t \in [0,t^*] \\ -u_{max} & \text{für } t \in (t^*,T^*] \end{cases}$$

oder

$$\text{ii)}\quad u^*(t) = \begin{cases} -u_{max} & \text{für } t \in [0,t^*] \\ u_{max} & \text{für } t \in (t^*,T^*]. \end{cases}$$

Aus $0 = x_3^*(T^*) = \int_0^{T^*} u^*(t)\,dt$ erhält man $t^* = \frac{T^*}{2}$.

Ferner ist

$$\int_0^{T^*} e^{(k_1+k_2)t}\, u^*(t)\,dt = -\frac{u^*(0)}{k_1+k_2}\left\{e^{(k_1+k_2)\frac{T^*}{2}} - 1\right\}^2 \neq 0,$$

im Widerspruch zu der für zulässige Steuerungen u gültigen Beziehung

$$\int_0^{T} e^{(k_1+k_2)t}\, u(t)\,dt = 0.$$

Also liegt notwendig der Fall ③ vor.

③ u^* hat genau zwei Sprungstellen in $(0,T^*)$.

Die optimale Steuerung u^* hat also die Form

$$\text{i)} \quad u^*(t) = \begin{cases} u_{max} & \text{für } t \in [0,t^*] \\ -u_{max} & \text{für } t \in (t^*,t^{**}] \\ u_{max} & \text{für } t \in (t^{**},T^*] \end{cases}$$

oder

$$\text{ii)} \quad u^*(t) = \begin{cases} -u_{max} & \text{für } t \in [0,t^*] \\ u_{max} & \text{für } t \in (t^*,t^{**}] \\ -u_{max} & \text{für } t \in (t^{**},T^*] \end{cases}$$

Aus $x_3^*(T^*) = 0$ erhält man $t^{**} = t^* + \frac{1}{2} T^*$, die beiden Gleichungen

$$\int_0^{T^*} x_3^*(t)\,dt = \frac{(n_T - n_o)(k_1 + k_2)}{n_o k_1 k_2}$$

$$\int_0^{T^*} e^{(k_1+k_2)t}\, u^*(t)\,dt = 0$$

ergeben zwei Gleichungen für die beiden Unbekannten t^*, T^*.

i) Man erhält die Gleichungen

$$\int_0^{T^*} x_3^*(t)\,dt = u_{max}\,\{t^* - \frac{1}{4}T^*\}\,T^* = \frac{(n_T - n_o)(k_1 + k_2)}{n_o k_1 k_2}$$

$$\int_0^{T^*} e^{(k_1+k_2)t}\, u^*(t)\,dt = \frac{u_{max}}{k_1 + k_2}\,(e^{(k_1+k_2)\frac{T^*}{2}} - 1)\cdot$$

$$\{e^{(k_1+k_2)\frac{T^*}{2}} + 1 - 2e^{(k_1+k_2)t^*}\} = 0$$

und mit $s^* = t^* - \frac{1}{4}T^*$ die Gleichungen

$$s^* = \frac{1}{k_1 + k_2} \ln\cosh\,(k_1 + k_2)\,\frac{T^*}{4}$$

$$\text{und} \quad T^* s^* = \frac{(n_T - n_o)(k_1 + k_2)}{u_{max}\, n_o\, k_1\, k_2} .$$

Einsetzen von s^* in die zweite Gleichung liefert

$$T^* \ln \cosh (k_1 + k_2)\frac{T^*}{4} - \frac{(n_T - n_o)(k_1 + k_2)^2}{u_{max}\, n_o\, k_1\, k_2} = 0$$

Diese Gleichung besitzt offenbar genau eine Lösung $T^* > 0$. Dann ist

$$0 < s^* = \frac{1}{k_1 + k_2} \ln \cosh (k_1 + k_2)\frac{T^*}{4} < \frac{T^*}{4},$$

also $\frac{1}{4}T^* < t^* = s^* + \frac{1}{4}T^* < \frac{1}{2}T^*$. Die optimale "Ankunftszeit" T^* berechnet man also durch Lösen einer transzendenten Gleichung, anschließend bestimmt man die Sprungstellen t^*, $t^{**} = t^* + \frac{1}{2}T^*$. Mit den gleichen Daten

$n_o = 0.04$, $n_T = 0.06$, $k_1 = 5$, $k_2 = 0.1$, $u_{max} = 0.2$

wie bei MAURER-HEIDEMANN erhalten wir:

$T^* = 10.374\,985$

$t^* = 5.051\,581$

$t^{**} = 10.239\,074$

ii) Unter der Voraussetzung $n_o < n_T$ ist eine optimale Steuerung u^* der Form

$$u^*(t) = \begin{cases} -u_{max} & \text{für } t \in [0,t^*] \\ u_{max} & \text{für } t \in (t^*,t^{**}] \\ -u_{max} & \text{für } t \in (t^{**},T^*] \end{cases}$$

nicht möglich, da $T^* > 0$ der Gleichung

$$T^* \ln \cosh (k_1 + k_2)\frac{T^*}{4} + \frac{(n_T - n_o)(k_1 + k_2)^2}{u_{max}\, n_o\, k_1\, k_2} = 0$$

genügen müßte, was nicht möglich ist.

Literaturverzeichnis

[1] BAZARAA, M.S.: A theorem of the alternative with application to convex programming.
J. Math. Anal. Appl. 41, 701 - 715 (1973)

[2] BAZARAA, M.S. - GOODE, J.J.: Necessary optimality criteria in mathematical programming in the presence of differentiability.
J. Math. Anal. Appl. 40, 609 - 621 (1972)

[3] BAZARAA, M.S. - GOODE, J.J.: Necessary optimality criteria in mathematical programming in normed linear spaces.
JOTA 11, 235 - 244 (1975)

[4] BAZARAA, M.S. - GOODE, J.J.: A saddle-point criterion for convex problems with infinite-dimensional equality constraints.
JOTA 17, 115 - 131 (1975)

[5] BAZARAA, M.S. - SHETTY, C.M.: Foundations of optimization.
Lecture Notes in Economics and Mathematical Systems 122, Springer, Berlin-Heidelberg-New York, 1976

[6] CANON, M.D. - CULLUM, C.D. - POLAK, E.: Constrained minimization problems in finite dimensional spaces.
SIAM J. Control 4, 528 - 547 (1966)

[7] CANON, M.D. - CULLUM, C.D. - POLAK, E.: Theory of optimal control and mathematical programming.
Mc Graw-Hill, New York, 1970

[8] COLLATZ,L. - KRABS, W.: Approximationstheorie.
Teubner, Stuttgart, 1973

[9] COLLATZ, L. - WETTERLING, W.: Optimierungsaufgaben. Springer, Berlin-Heidelberg-New York, 1966

[10] COLONIUS, F. - HINRICHSEN, D.: Optimal control of hereditary differential systems, Part 1. Arbeitspapiere Mathematik Nr. 2, Universität Bremen, 1976

[11] DA CUNHA, N.O. - POLAK, E.: Constrained minimization under vector-valued criteria in finite-dimensional spaces. J. Math. Anal. Appl. 19, 103 - 124 (1967)

[12] DAS, P.C.: Constrained optimization problems in Banach space. JOTA 17, 279 - 292 (1975)

[13] DEUTSCH, F.R. - MASERICK, P.M.: Applications of the Hahn-Banach theorem in approximation theory. SIAM Rev. 9, 516 - 530 (1967)

[14] GIRSANOV, I.V.: Lectures on mathematical theory of extremum problems. Lecture Notes in Economics and Mathematical Systems 67, Springer, Berlin-Heidelberg-New York, 1972

[15] GISLASON, G.A. - LOEB, H.L.: Nonlinear Tschebycheff approximation with constraints. J. Approx. Th. 6, 291 - 300 (1972)

[16] HALKIN, H.: A maximum principle of the Pontryagin type for systems described by nonlinear difference equations. SIAM J. Control 4, 90 - 111 (1966)

[17] HARTBERGER, R.J.: A proof of the Pontryagin maximum principle for initial value problems. JOTA 11, 139 - 145 (1973)

[18] HASSAN, M.A. - GHONAIMY, M.A.R. - ABDEL MALEK, N.R.: Computational solution of the nuclear reactor minimum time start-up problem with state space constraints.
2nd IFAC Symposion on multivariable technical control systems, North Holland Publ. Comp. Amsterdam, 1971

[19] HENN, R. - KISCHKA, P.: Über einige Anwendungen der semi-infiniten Optimierung.
Z. Operations Research Ser. A - B 20, A 1 - A 21 (1976)

[20] HERMES, H. - LASALLE, J.P.: Functional analysis and time optimal control.
Academic Press, New York, 1969

[21] HESTENES, M.: Variational theory and optimal control theory.
SIAM J. Control 3, 23 - 48 (1965)

[22] HESTENES, M.: Calculus of variations and optimal control theory.
Wiley, New York, 1966

[23] HOFFMANN, K.H. - KOLUMBAN, I.: Verallgemeinerte Differenzierbarkeitsbegriffe und ihre Anwendung in der Optimierungstheorie.
Comp. 12, 17 - 41 (1974)

[24] HOLMES, R.B.: Geometrical functional analysis and its applications.
Springer, Berlin-Heidelberg-New York, 1975

[25] HURWICZ, L.: Programming in linear spaces.
In: ARROW-HURWICZ-UZAWA (Eds.): Studies in linear and nonlinear programming.
Stanford University Press, Stanford, 1958

[26] HURWICZ, L. - UZAWA, H.: A note on the Lagrangean saddlepoints.
In: ARROW-HURWICZ-UZAWA (Eds.): Studies in linear and nonlinear programming.
Stanford University Press, Stanford, 1958

[27] JOHN, F.: Extremum problems with inequalities as subsidiary conditions.
In: FRIEDRICHS-NEUGEBAUER-STOKER (Eds.): Studies and essays presented to R. Courant on his 60th birthday.
Interscience Publ., New York, 1948

[28] KANTOROWITSCH, I.W. - AKILOW, G.P.: Funktionalanalysis in normierten Räumen.
Akademie-Verlag, Berlin, 1964

[29] KNOBLOCH, H.W. - KAPPEL, F.: Gewöhnliche Differentialgleichungen.
Teubner, Stuttgart, 1974

[30] KÖTHE, G.: Topologische Lineare Räume I.
Springer, Berlin-Heidelberg-New York, 1966

[31] KOLMOGOROFF, A.N. - FOMIN, S.V.: Introductory real analysis.
Prentice-Hall, Englewood Cliffs, 1970

[32] KRABS, W.: Optimierung und Approximation.
Teubner, Stuttgart, 1975

[33] LEMPIO, F.: Separation und Optimierung in linearen Räumen.
Dissertation, Universität Hamburg, 1971

[34] LEMPIO, F.: Tangentialmannigfaltigkeiten und infinite Optimierung.
Habilitationsschrift, Universität Hamburg, 1972

[35] LEMPIO, F.: Positive Lösungen unendlicher Gleichungs- und Ungleichungssysteme und Lagrange-Multiplikatoren für infinite Optimierungsprobleme.
ZAMM 53, 61 - 62 (1971)

[36] LEMPIO, F.: Eine Verallgemeinerung eines Satzes von F. John.
Operations Research Verfahren 17, 239 - 247 (1973)

[37] LJUSTERNIK, L.A.: Ob vslovnich ekstremach funkzionalov (Über bedingte Extrema der Funktionale, on constrained extrema of functionals).
Russian, Matematičeskij Sbornik 41, 390 - 401 (1934)

[38] LJUSTERNIK, L.A. - SOBOLEV, W.I.: Elemente der Funktionalanalysis.
Akademie-Verlag, Berlin, 1968

[39] LUENBERGER, D.: Optimization by vector space methods.
Wiley, New York, 1969

[40] MANGASARIAN, O.L.: Nonlinear programming.
Mc Graw-Hill, New York, 1969

[41] MANGASARIAN, O.L. - FROMOVITZ, S.: The Fritz-John necessary optimality conditions in the presence of equality and inequality constraints.
J. Math. Anal. Appl. 17, 34 - 47 (1967)

[42] MASSAM, H. - ZLOBEC, S.: Various definitions of the derivative in mathematical programming.
Math. Prog. 7, 144 - 161 (1974)

[43] NAGAHISA, Y. - SAKAWA, Y.: Nonlinear programming in Banach spaces.
JOTA 4, 182 - 190 (1969)

[44] NASHED, M.Z.: Differentiability and related properties of nonlinear operators: Some aspects of the role of differentials in nonlinear functional analysis.
In: RALL, L.B. (Ed.): Nonlinear functional analysis and applications.
Academic Press, New York, 1971

[45] NEUMANN, K.: Dynamische Optimierung.
BI-Verlag, Mannheim, 1969

[46] NEUSTADT, L.W.: Sufficiency conditions and a duality theory for mathematical programming problems in arbitrary linear spaces.
In: ROSEN-MANGASARIAN-RITTER (Eds.): Nonlinear programming.
Academic Press, New York, 1970

[47] NEUSTADT, L.W.: Optimization.
Princeton University Press, Princeton, 1976

[48] PONTRYAGIN, L.S. - BOLTYANSKII, V.G. - GAMKRELIDZE, R.V. - MISHENKO, E.F.: The mathematical theory of optimal processes.
Interscience Publ., New York, 1962

[49] PSHENICHNYI, B.N.: Necessary conditions for an extremum.
Dekker, New York, 1971

[50] RITTER, K.: Optimization in a Banach space.
Math. Annalen 184, 133 - 154 (1970)

[51] SPREMANN, K.: Optimierung verschiedener Steuerungsprobleme mit einem funktionalanalytischen Maximumprinzip.
ZAMM 54, 293 - 302 (1974)

[52] UZAWA, H.: The Kuhn-Tucker theorem in concave programming.
In: ARROW-HURWICZ-UZAWA (Eds.): Studies in linear and nonlinear programming.
Stanford University Press, Stanford, 1958

[53] VARAIYA, P.P.: Nonlinear programming in Banach space.
SIAM J. Appl. Math. 15, 284 - 293 (1967)

<u>Symbolverzeichnis</u>

Sachverzeichnis

Vol. 59: J. A. Hanson, Growth in Open Economies. V, 128 pages. 1971.

Vol. 60: H. Hauptmann, Schätz- und Kontrolltheorie in stetigen dynamischen Wirtschaftsmodellen. V, 104 Seiten. 1971.

Vol. 61: K. H. F. Meyer, Wartesysteme mit variabler Bearbeitungsrate. VII, 314 Seiten. 1971.

Vol. 62: W. Krelle u. G. Gabisch unter Mitarbeit von J. Burgermeister, Wachstumstheorie. VII, 223 Seiten. 1972.

Vol. 63: J. Kohlas, Monte Carlo Simulation im Operations Research. VI, 162 Seiten. 1972.

Vol. 64: P. Gessner u. K. Spremann, Optimierung in Funktionenräumen. IV, 120 Seiten. 1972.

Vol. 65: W. Everling, Exercises in Computer Systems Analysis. VIII, 184 pages. 1972.

Vol. 66: F. Bauer, P. Garabedian and D. Korn, Supercritical Wing Sections. V, 211 pages. 1972.

Vol. 67: I. V. Girsanov, Lectures on Mathematical Theory of Extremum Problems. V, 136 pages. 1972.

Vol. 68: J. Loeckx, Computability and Decidability. An Introduction for Students of Computer Science. VI, 76 pages. 1972.

Vol. 69: S. Ashour, Sequencing Theory. V, 133 pages. 1972.

Vol. 70: J. P. Brown, The Economic Effects of Floods. Investigations of a Stochastic Model of Rational Investment. Behavior in the Face of Floods. V, 87 pages. 1972.

Vol. 71: R. Henn und O. Opitz, Konsum- und Produktionstheorie II. V, 134 Seiten. 1972.

Vol. 72: T. P. Bagchi and J. G. C. Templeton, Numerical Methods in Markov Chains and Bulk Queues. XI, 89 pages. 1972.

Vol. 73: H. Kiendl, Suboptimale Regler mit abschnittweise linearer Struktur. VI, 146 Seiten. 1972.

Vol. 74: F. Pokropp, Aggregation von Produktionsfunktionen. VI, 107 Seiten. 1972.

Vol. 75: GI-Gesellschaft für Informatik e.V. Bericht Nr. 3. 1. Fachtagung über Programmiersprachen · München, 9.–11. März 1971. Herausgegeben im Auftrag der Gesellschaft für Informatik von H. Langmaack und M. Paul. VII, 280 Seiten. 1972.

Vol. 76: G. Fandel, Optimale Entscheidung bei mehrfacher Zielsetzung. II, 121 Seiten. 1972.

Vol. 77: A. Auslender, Problèmes de Minimax via l'Analyse Convexe et les Inégalités Variationelles: Théorie et Algorithmes. VII, 132 pages. 1972.

Vol. 78: GI-Gesellschaft für Informatik e.V. 2. Jahrestagung, Karlsruhe, 2.–4. Oktober 1972. Herausgegeben im Auftrag der Gesellschaft für Informatik von P. Deussen. XI, 576 Seiten. 1973.

Vol. 79: A. Berman, Cones, Matrices and Mathematical Programming. V, 96 pages. 1973.

Vol. 80: International Seminar on Trends in Mathematical Modelling, Venice, 13–18 December 1971. Edited by N. Hawkes. VI, 288 pages. 1973.

Vol. 81: Advanced Course on Software Engineering. Edited by F. L. Bauer. XII, 545 pages. 1973.

Vol. 82: R. Saeks, Resolution Space, Operators and Systems. X, 267 pages. 1973.

Vol. 83: NTG/GI-Gesellschaft für Informatik, Nachrichtentechnische Gesellschaft. Fachtagung „Cognitive Verfahren und Systeme", Hamburg, 11.–13. April 1973. Herausgegeben im Auftrag der NTG/GI von Th. Einsele, W. Giloi und H.-H. Nagel. VIII, 373 Seiten. 1973.

Vol. 84: A. V. Balakrishnan, Stochastic Differential Systems I. Filtering and Control. A Function Space Approach. V, 252 pages. 1973.

Vol. 85: T. Page, Economics of Involuntary Transfers: A Unified Approach to Pollution and Congestion Externalities. XI, 159 pages. 1973.

Vol. 86: Symposium on the Theory of Scheduling and its Ap tions. Edited by S. E. Elmaghraby. VIII, 437 pages. 1973.

Vol. 87: G. F. Newell, Approximate Stochastic Behavior of n-S Service Systems with Large n. VII, 118 pages. 1973.

Vol. 88: H. Steckhan, Güterströme in Netzen. VII, 134 Se 1973.

Vol. 89: J. P. Wallace and A. Sherret, Estimation of Pro Attributes and Their Importances. V, 94 pages. 1973.

Vol. 90: J.-F. Richard, Posterior and Predictive Densities Simultaneous Equation Models. VI, 226 pages. 1973.

Vol. 91: Th. Marschak and R. Selten, General Equilibrium Price-Making Firms. XI, 246 pages. 1974.

Vol. 92: E. Dierker, Topological Methods in Walrasian Econon IV, 130 pages. 1974.

Vol. 93: 4th IFAC/IFIP International Conference on Digital C puter Applications to Process Control, Part I. Zürich/Switzer March 19–22, 1974. Edited by M. Mansour and W. Schaufelbe XVIII, 544 pages. 1974.

Vol. 94: 4th IFAC/IFIP International Conference on Digital C puter Applications to Process Control, Part II. Zürich/Switzer March 19–22, 1974. Edited by M. Mansour and W. Schaufelbe XVIII, 546 pages. 1974.

Vol. 95: M. Zeleny, Linear Multiobjective Programming. X, 220 pa 1974.

Vol. 96: O. Moeschlin, Zur Theorie von Neumannscher Wa tumsmodelle. XI, 115 Seiten. 1974.

Vol. 97: G. Schmidt, Über die Stabilität des einfachen Bedienu kanals. VII, 147 Seiten. 1974.

Vol. 98: Mathematical Methods in Queueing Theory. Proceed 1973. Edited by A. B. Clarke. VII, 374 pages. 1974.

Vol. 99: Production Theory. Edited by W. Eichhorn, R. H O. Opitz, and R. W. Shephard. VIII, 386 pages. 1974.

Vol. 100: B. S. Duran and P. L. Odell, Cluster Analysis. A Su VI, 137 pages. 1974.

Vol. 101: W. M. Wonham, Linear Multivariable Control. A G metric Approach. X, 344 pages. 1974.

Vol. 102: Analyse Convexe et Ses Applications. Comptes Ren Janvier 1974. Edited by J.-P. Aubin. IV, 244 pages. 1974.

Vol. 103: D. E. Boyce, A. Farhi, R. Weischedel, Optimal Sub Selection. Multiple Regression, Interdependence and Opti Network Algorithms. XIII, 187 pages. 1974.

Vol. 104: S. Fujino, A Neo-Keynesian Theory of Inflation Economic Growth. V, 96 pages. 1974.

Vol. 105: Optimal Control Theory and its Applications. Part I. ceedings 1973. Edited by B. J. Kirby. VI, 425 pages. 1974.

Vol. 106: Optimal Control Theory and its Applications. Part II. ceedings 1973. Edited by B. J. Kirby. VI, 403 pages. 1974.

Vol. 107: Control Theory, Numerical Methods and Comp Systems Modeling. International Symposium, Rocquencourt, J 17–21, 1974. Edited by A. Bensoussan and J. L. Lions. VIII, 757 pa 1975.

Vol. 108: F. Bauer et al., Supercritical Wing Sections II. A Ha book. V, 296 pages. 1975.

Vol. 109: R. von Randow, Introduction to the Theory of Matroi IX, 102 pages. 1975.

Vol. 110: C. Striebel, Optimal Control of Discrete Time Stochas Systems. III. 208 pages. 1975.

Vol. 111: Variable Structure Systems with Application to Economi and Biology. Proceedings 1974. Edited by A. Ruberti and R. R. Mohl VI, 321 pages. 1975.

Vol. 112: J. Wilhlem, Objectives and Multi-Objective Decision Mak Under Uncertainty. IV, 111 pages. 1975.

Vol. 113: G. A. Aschinger, Stabilitätsaussagen über Klassen Matrizen mit verschwindenden Zeilensummen. V, 102 Seiten. 19

Vol. 114: G. Uebe, Produktionstheorie. XVII, 301 Seiten. 1976.

115: Anderson et al., Foundations of System Theory: Finitary Infinitary Conditions. VII, 93 pages. 1976

116: K. Miyazawa, Input-Output Analysis and the Structure of ›me Distribution. IX, 135 pages. 1976.

117: Optimization and Operations Research. Proceedings 1975. ›ed by W. Oettli and K. Ritter. IV, 316 pages. 1976.

118: Traffic Equilibrium Methods, Proceedings 1974. Edited by ›. Florian. XXIII, 432 pages. 1976.

119: Inflation in Small Countries. Proceedings 1974. Edited by ›risch. VI, 356 pages. 1976.

120: G. Hasenkamp, Specification and Estimation of Multiple-›put Production Functions. VII, 151 pages. 1976.

121: J. W. Cohen, On Regenerative Processes in Queueing ›ory. IX, 93 pages. 1976.

122: M. S. Bazaraa, and C. M. Shetty, Foundations of Optimization ›93 pages. 1976

123: Multiple Criteria Decision Making. Kyoto 1975. Edited by Zeleny. XXVII, 345 pages. 1976.

124: M. J. Todd. The Computation of Fixed Points and Applica-›s. VII, 129 pages. 1976.

125: Karl C. Mosler. Optimale Transportnetze. Zur Bestimmung ›s kostengünstigsten Standorts bei gegebener Nachfrage. VI, Seiten. 1976.

126: Energy, Regional Science and Public Policy. Energy and ›ironment I. Proceedings 1975. Edited by M. Chatterji and P. Van ›mpuy. VIII, 316 pages. 1976.

127: Environment, Regional Science and Interregional Modeling. ›rgy and Environment II. Proceedings 1975. Edited by M. Chatterji ›d P. Van Rompuy. IX, 211 pages. 1976.

128: Integer Programming and Related Areas. A Classified ›liography. Edited by C. Kastning. XII, 495 pages. 1976.

129: H.-J. Lüthi, Komplementaritäts- und Fixpunktalgorithmen in mathematischen Programmierung. Spieltheorie und Ökonomie. 145 Seiten. 1976.

130: Multiple Criteria Decision Making, Jouy-en-Josas, France. ›ceedings 1975. Edited by H. Thiriez and S. Zionts. VI, 409 pages. ›6.

131: Mathematical Systems Theory. Proceedings 1975. Edited G. Marchesini and S. K. Mitter. X, 408 pages. 1976.

132: U. H. Funke, Mathematical Models in Marketing. A Collec-›n of Abstracts. XX, 514 pages. 1976.

133: Warsaw Fall Seminars in Mathematical Economics 1975. ›ted by M. W. Loś, J. Loś, and A. Wieczorek. V. 159 pages. 1976.

134: Computing Methods in Applied Sciences and Engineering. ›ceedings 1975. VIII, 390 pages. 1976.

135: H. Haga, A Disequilibrium – Equilibrium Model with Money ›d Bonds. A Keynesian – Walrasian Synthesis. VI, 119 pages. 1976.

136: E. Kofler und G. Menges, Entscheidungen bei unvollständiger ›rmation. XII, 357 Seiten. 1976.

137: R. Wets, Grundlagen Konvexer Optimierung. VI, 146 Seiten. ›6.

138: K. Okuguchi, Expectations and Stability in Oligopoly Models. 103 pages. 1976.

139: Production Theory and Its Applications. Proceedings. Edited H. Albach and G. Bergendahl. VIII, 193 pages. 1977.

140: W. Eichhorn and J. Voeller, Theory of the Price Index. ›her's Test Approach and Generalizations. VII, 95 pages. 1976.

141: Mathematical Economics and Game Theory. Essays in Honor Oskar Morgenstern. Edited by R. Henn and O. Moeschlin. XIV, 3 pages. 1977.

142: J. S. Lane, On Optimal Population Paths. V, 123 pages. 1977.

143: B. Näslund, An Analysis of Economic Size Distributions. 100 pages. 1977.

144: Convex Analysis and Its Applications. Proceedings 1976. ›ited by A. Auslender. VI, 219 pages. 1977.

Vol. 145: J. Rosenmüller, Extreme Games and Their Solutions. IV, 126 pages. 1977.

Vol. 146: In Search of Economic Indicators. Edited by W. H. Strigel. XVI, 198 pages. 1977.

Vol. 147: Resource Allocation and Division of Space. Proceedings. Edited by T. Fujii and R. Sato. VIII, 184 pages. 1977.

Vol. 148: C. E. Mandl, Simulationstechnik und Simulationsmodelle in den Sozial- und Wirtschaftswissenschaften. IX, 173 Seiten. 1977.

Vol. 149: Stationäre und schrumpfende Bevölkerungen: Demographisches Null- und Negativwachstum in Österreich. Herausgegeben von G. Feichtinger. VI, 262 Seiten. 1977.

Vol. 150: Bauer et al., Supercritical Wing Sections III. VI, 179 pages. 1977.

Vol. 151: C. A. Schneeweiß, Inventory-Production Theory. VI, 116 pages. 1977.

Vol. 152: Kirsch et al., Notwendige Optimalitätsbedingungen und ihre Anwendung. VI, 157 Seiten. 1978.

GPSR Compliance

The European Union's (EU) General Product Safety Regulation (GPSR) is a set of rules that requires consumer products to be safe and our obligations to ensure this.

If you have any concerns about our products, you can contact us on ProductSafety@springernature.com

In case Publisher is established outside the EU, the EU authorized representative is:

Springer Nature Customer Service Center GmbH
Europaplatz 3
69115 Heidelberg, Germany

Batch number: 10844675

Printed by Printforce, the Netherlands